Inn-Radweg 1

Von der Quelle durch's Engadin nach Innsbruck

Ein original *bikeline*-Radtourenbuch

Esterbauer

bikeline-Radtourenbuch Inn-Radweg 1

A-3751 Rodingersdorf, Hauptstr. 31
Tel.: ++43/2983/28982-0
Fax.: ++43/2983/28982-500
E-Mail: bikeline@esterbauer.com
www.esterbauer.com

2. überarbeitete Auflage, 2002

ISBN 3-85000-013-3

Bitte geben Sie bei jeder Korrespondenz die Auflage und die ISBN an!

Dank an alle, die uns bei der Erstellung dieses Buches tatkräftig unterstützt haben. Besonders herzlichen Dank für die Korrekturen an: H. Baur-Weber, Rafz; H. u. H. Wucherpfennig, Faistenhaar; R. Gebhardt, Stuttgart; T. Egbrink, Ag de Lutte; U. Steckel, Hilden; H. Lauerer; W. Diegner, Neubeuern.

Das *bikeline*-Team: Birgit Albrecht, Beatrix Bauer, Grischa Begaß, Anita Daffert, Michaela Derferd, Roland Esterbauer, Jutta Gröschel, Carmen Hager, Martina Kreindl, Veronika Loidolt, Bernhard Mues, Mirijana Nakic, Maria Pfaunz, Petra Riss, Tobias Sauer, Inga Schilgen, Gaby Sipöcz, Michaela Steurer, Matthias Thal.

Bildnachweis: Archiv: 16L, 28, 30, 49, 50; Birgit Albrecht: 12, 16, 18, 20, 22, 24, 26, 34R, 38, 40, 42, 46; Tourismusverband Landeck: 34L; Verkersverband Zams: 36; Tourismusverband Imst: 37; Verkehrsverband Inzing: 44; Tirol Werbung (Ascher): 48; Tourismusverband Innsbruck: 49;

Dieses Buch wird empfohlen von:

Auto-, Motor- und Radfahrerbund Österreichs

bikeline

Was ist bikeline?

Wir sind ein junges Team von aktiven RadfahrerInnen, die 1987 begonnen haben, Radkarten und Radbücher zu produzieren. Heute tun wir dies als Verlag mit großem Erfolg. Mittlerweile gibt's bikeline© und cycline© Bücher und Karten in vier Sprachen und in vielen Ländern Europas.

Um unsere Bücher immer auf dem letzten Stand zu halten, brauchen wir auch Ihre Hilfe. Schreiben Sie uns, wenn Sie Fehler oder Änderungen entdeckt haben. Oder teilen Sie uns einfach die Erfahrungen und Eindrücke von Ihrer Radtour mit.

Wir freuen uns auf Ihren Brief,

Ihre bikeline-Redaktion

Vorwort

Der erste Teil des Inn-Radweges vom Malojapass nach Innsbruck ist rund 240 Kilometer lang und geleitet Sie durch ein atemberaubendes und imposantes Alpenpanorama. Rundherum erheben sich mächtig die Zwei- und Dreitausender und dazwischen schmiegen sich schmucke Engadiner Dörfer an die Hänge. Nach den teils einsamen und naturbelassenen Gegenden des Schweizer Engadins erwartet Sie das österreichische Inntal mit Burgen und Klöstern. Nur die allgegenwärtige Autobahn stört dabei manchmal die Idylle der saftig grünen Almwiesen mit den dazugehörigen braunen Kühen. Die Tiroler Landeshauptstadt Innsbruck bildet dann vorläufig den sehenswerten Endpunkt dieser Reise, eine Fortsetzung der Radtour bis nach Passau sollten Sie – mit Hilfe des zweiten Bandes aus der *bikeline*-Serie – unbedingt in Ihr persönliches Radtouren-Programm aufnehmen.

Und übrigens: Präzise Karten, genaue Streckenbeschreibungen, zahlreiche Stadt- und Ortspläne, Hinweise auf das kulturelle und touristische Angebot der Region, ein umfangreiches Übernachtungsverzeichnis und viel Hintergrundinformation – in diesem Buch finden Sie alles, was Sie zu einer Radtour entlang des Inns von der Quelle durch das Engadin nach Innsbruck brauchen – außer gutem Radlwetter, das können wir Ihnen nur wünschen.

Kartenlegende

Die Farbe bezeichnet die Art des Weges:
(The following colour coding is used:)

Hauptroute (main cycle route)
Radweg / autofreie Hauptroute (cycle path / main cycle route without motor traffic))
Ausflug oder Variante (excursion or alternative route)
Radweg in Planung (planned cycle path)

Strichlierte Linien zeigen den Belag an:
(The surface is indicated by stippled lines:)

asphaltierte Strecke (paved road)
nicht asphaltierte Strecke (unpaved road)

Punktierte Linien weisen auf KFZ-Verkehr hin:
(Routes with vehicular traffic are indicated by dotted lines:)

Radroute auf mäßig befahrener Straße (cycle route with moderate motor traffic)
Radroute auf stark befahrener Straße (cycle route with heavy motor traffic)
Radfahrstreifen (cycle lane)

starke Steigung (steep gradient, uphill)
leichte bis mittlere Steigung (light gradient)
3 Entfernung in Kilometern (distance in km)
Gefahrenstelle (dangerous section)
Text beachten (read text carefully)
X X X Radfahren verboten (road closed to cyclists)

Maßstab 1 : 75. 000

1 cm ≙ 750 m 1 km ≙ 13,3 mm

0 1 2 3 4 5 6 7 8 9 10 11 12 13 14 15 km

Tourist-Information (tourist information)
( ) Einrichtung im Ort vorhanden (facilities available)
Jugendherberge; Hotel, Pension (youth hostel; hotel, guesthouse)
Gasthaus (restaurant)
Campingplatz (camping site)
Radvermietung (bike rental)
Freibad; Hallenbad (outdoor swimming pool; indoor swimming pool)
Schiffsanlegestelle; Fähre (boat landing; ferry)
Schönern sehenswertes Ortsbild (picturesque town)
Mühle Sehenswürdigkeit (place of interest)
Bauwerk; Museum (building of interest; museum)
Tierpark; Naturpark (zoo; nature reserve)
Aussichtspunkt; Ausgrabung (panoramic view; excavation)
Schnellverkehrsstraße (motorway)
Hauptstraße (main road)
Nebenstraße (minor road)
Fahrweg (carriageway)
Fußweg (footpath)
Straße in Bau (road under construction)
Eisenbahn m. Bahnhof (railway w. station)
Schmalspurbahn (narrow gage railway)

Staatsgrenze (international border)
ständiger; eingeschränkter Grenzübergang (permanent; limited border checkpoint)
Landesgrenze (country border)
Wald (forest)
Felsen (rock, cliff)
Vernässung (marshy ground)
Sumpf, Schilf (swamp)
Weingarten (vineyard)
Friedhof (cemetary)
Watt (shallows)
Damm, Deich (embankment, dyke)
Staumauer, Buhne (dam, groyne, breakwater)
Tunnel; Brücke (tunnel; bridge)
Kirche; Kapelle; Kloster (church; chapel; monastery)
Schloss, Burg; Ruine (castle; ruins)
Turm; Funkanlage (tower; TV/radio tower)
Kraftwerk; Umspannwerk (power station; transformer)
Bergwerk; Windmühle; Windkraftanlage (mine; windmill; windturbine)
Wegkreuz; Gipfel (wayside cross; (mountain) peak)
Denkmal (monument)
Sportplatz (sports field)
Flughafen (airport, airfield)
Quelle; Kläranlage (natural spring; waste water treatment plant)

Inhalt

Der Inn-Radweg 1

Streckencharakteristik

Länge

Die **Länge** des Inn-Radweges vom Malojapass nach Innsbruck beträgt 209 Kilometer.

Wegequalität & Verkehr

Die **Wegequalität** auf dem Inn-Radweg ist für alle stabilen Fahrräder außer Rennrädern geeignet – ein Großteil der Strecke verläuft auf unbefestigten Waldwegen zum Teil auch in Verbindung mit Steigungen. Die Wege sind zum Teil geschottert oder sandig und ziemlich holprig. Vom Malojapass bis St. Moritz verläuft die Route größtenteils auf der Hauptstraße, dann aber immer ziemlich nahe am Inn entlang. Zur Zeit der Schneeschmelze besteht gewisse Überschwemmungsgefahr für einige Abschnitte der Tour. Um diesen gefährdeten Stellen ausweichen zu können, finden Sie in den Karten Alternativvorschläge eingezeichnet und im Text erklärt.

Beschilderung

Ab St. Moritz ist der Inn-Radweg in der Schweiz mit den rot-blauen Schildern mit der Nummer 6 ausgeschildert (Graubünden Route). Diese Schilder begleiten Sie bis Martina. Ab dort gibt es lediglich die Möglichkeit auf der Straße nach Österreich zu gelangen. Im Tiroler Inntal ist der Radweg in beiden Richtungen mit der Bezeichnung „Inntal-Radweg" beschildert. Leider lässt mancherorts die Beschilderung zu wünschen übrig – entweder ist sie verwirrend oder unzureichend.

Tourenplanung

Die Radtour entlang des oberen Inn, ist in diesem Buch in zwei Abschnitte unterteilt. Der erste Abschnitt wäre als Zwei-Tages-Tour zu empfehlen, der zweite als stärkere Tagesetappe. Wenn Sie aber gemütlich fahren und Sehenswürdigkeiten besichtigen wollen, müssen Sie cirka fünf Tage einplanen.

Wichtige Telefonnummern

Internationale Vorwahlen:
Schweiz (CH): 0041
Österreich (A): 0043

Infostellen

Verkehrsverein Graubünden, CH-7001 Chur, Alexanderstr. 24, ✆ 81/2542424 Internet; www.graubuenden.ch

Schweiz Tourismus, A-1015 Wien, Kärntner Str. 20, ✆ 00800/10020030 (gratis)

Schweiz Tourismus, CH-8027 Zürich, ✆ 00800/10020030

Schweiz Tourismus, D-60070 Frankfurt a. M., ✆ 00800/10020030 (gratis)

Tourismusverband TirolWest, A-6500 Landeck, Postfach 55, ✆ 05442/62344, Internet: www.inntalradweg.info

Anreise & Abreise

Sehr einfach ist es, wenn Sie nach Landeck reisen (z. B. per Bahn) und von dort aus den Bustransfer zum Malojapass nutzen. Informationen gibt es beim: **Tourismusverband TirolWest**, Postfach 55, A-6500 Landeck, ✆ 05442/62344

Rad & Bahn

Die informative Broschüre **„Velo und Bahn"**, gibt der Schweiz Tourismus heraus oder Sie bekommen ihn an jedem größeren Bahnhof in der Schweiz.

Eine Bahnlinie besteht ab St. Moritz und verläuft dann immer ziemlich parallel zur Route, das heißt bei Bedarf können Sie umsteigen.

Informationsstellen:

Schweizer Bahnen (SBB) Rail Service: ✆ 1572222 (CHF 1,19/Min,)

Österreichische Bahn (ÖBB): ✆ 01/58800-545 oder

Österreichisches MobilitätsCallCenter: ✆ 05/1717 (Ortstarif).

Deutsche Radler-Hotline: ✆ 01805/151415 (€ 0,12/Min.).

Wenn Sie nicht schon in Landeck/Österreich den Bustransfer nutzen, können Sie auch von St. Moritz aus mit dem Bus nach Maloja fahren. Die Fahrzeit für diese Strecke beträgt ungefähr 40 Min. Die Fahrradmitnahme ist jedoch nicht zu allen Fahrzeiten möglich und Sie müssen vorher mehrmals umsteigen. Um nach St. Moritz zu gelangen, fahren Sie z. B. von Basel aus nach Chur – es verkehren hier durchgehende Züge. Von Innsbruck aus müssen Sie nach Chur noch mindestens einmal umsteigen, ebenso wie von Bregenz.

In Chur gibt es dann regionale Anschlusszüge nach St. Moritz und von dort nach Maloja nimmt Sie der Bus mit.

Für die Rückreise ist Innsbruck, das Ziel Ihrer Reise, mit EC- und IC-Zügen sehr gut international angeschlossen .

Schweiz

Fahrradmitnahme:

Die grenzüberschreitende Fahrradmitnahme ist in zahlreichen Zügen möglich. Die benötigte **internationale Fahrradkarte** kostet auf der Hinfahrt € 10,–, zzgl. Reservierungskosten von CHF 5,–; von der Schweiz aus zahlen Sie normalerweise CHF 21,–. Eine Tageskarte innerhalb der Schweiz kostet CHF 15,–, für Kurzstrecken lediglich der Personenfahrpreis.

Veloselbstverlad:

Die Fahrradmitnahme innerhalb des Landes ist größtenteils unkompliziert, da Sie Ihr Rad

meist selber in Gepäckwagen oder in speziellen Veloselbstverlad-Wagen mit Radhaken verladen können. Achten Sie auf die Kennzeichnung der Züge! Eine Stellplatzreservierung ist nicht möglich – meist ist genügend Platz vorhanden.
Den Veloselbstverlad ins Ausland muss man vorher reservieren, da dort eine begrenzte Zahl Stellplätze vorhanden ist.
Im speziellen Velofahrplan finden Sie die besten Anreiseverbindungen in die Schweiz. Dieser ist an jedem Bahnhof gratis erhältlich.

Fahrradversand:
Als unbegleitetes Reisegepäck möglich, die Aufgabe sollte so früh wie möglich vor der Abreise geschehen, spätestens aber einen Tag vorher. Bei Gruppen ab 10 Personen ist eine Anmeldung 48 Stunden vorher notwendig. Die Preise pro Strecke betragen innerhalb der Schweiz CHF 12,–, international CHF 24,–. Eine obligatorische Hülle ist im Preis inbegriffen.

Österreich

Fahrradmitnahme:
Ist in Zügen, die im Fahrplan mit dem Radsymbol 🚲 gekennzeichnet sind, möglich, aber nur wenn Sie im Besitz einer Fahrradkarte sind und genügend Laderaum vorhanden ist. Eine Stellplatzreservierung ist deshalb empfehlenswert. Die Preise für die Fahrradkarten sind wie folgt (**Regional**):

Fahrrad-Tageskarte	€ 2,91
Fahrrad-Wochenkarte	€ 6,54
Fahrrad-Monatskarte	€ 19,62

In **EC/IC-Zügen** gelten folgende Preise: Fahrrad-Tageskarte € 7,27. Aufzahlung zu normaler Tages-Fahrradkarte: € 4,36.

Fahrradversand:
Für den Gepäcktransport in Österreich buchen Sie den Haus-Haus-Gepäck-Service beim Kauf Ihrer Fahrkarte oder unter der Telefonnummer ✆ 05/1717 – bei Lieferungen ins Ausland zwei Werktage, im Inland einen Werktag vor Antritt der Reise.
Die Kosten betragen im Inland € 12,35 (erstes Gepäckstück/Rad) und € 16,71(für 2 Gepäckstücke bzw. Fahrräder). Nach Deutschland belaufen sich die Kosten pro Rad (zzgl. € 10,90 pro Sendung) auf € 28,34 und in die Schweiz € 37,79 (inkl. Versicherung).

Radverleih

Schweiz: An rund 140 Bahnhöfen in der ganzen Schweiz ist das Mieten von Fahrrädern bei der Rent A Bike AG und an Bahnhöfen möglich. Die Kosten liegen, je nach Rad zwischen CHF 16,– und 27,–. Die Rückgabe kann gegen einen Preiszuschlag an jedem besetzten SBB Bahnhof erfolgen.
Eine komplette Liste der Radverleihstationen kann im Internet abgefragt werden, unter: www.velostation.ch

Österreich: Sie sollten bereits vorher ein Rad reservieren und Ihre Wünsche angeben. Zum Ausleihen benötigen Sie einen Lichtbildausweis. Bei Rückgabe des Rades am Verleihbahnhof entstehen keine zusätzlichen Kosten; Sie können das Rad aber auch bei Ihrem Zielbahnhof per „Haus-Haus-Gepäck-Plus" zurückschicken.
Die Tagesmiete liegt für einen Tag bei € 8,72/€ 13,08 und pro Woche bei € 43,60/€ 65,41 (mit/ohne Bahnkarte).

Sie können Fahrräder an folgenden Bahnhöfen am Inn mieten:
Bhf Landeck, ✆ 05442/62741385
Hbf Innsbruck, ✆ 0512/93000-5395

Übernachtung

In der Schweiz gibt es in den Tourismusorten an der Strecke genügend Möglichkeiten zu übernachten, aber eher in höheren Preiskategorien. Die Hotels sind sehr gut ausgestattet und bieten jeglichen Komfort. Im Tiroler Inntal sind ebenso zahlreiche Betriebe vorhanden und zwar in verschiedenen Preiskategorien. Allerdings kann es immer wieder passieren, dass Betriebe nicht für eine Nacht vermieten.
Auf den letzten Seiten dieses Buches finden Sie zu den meisten Orten eine Auswahl von günstig gelegenen Hotels und Pensionen. Dieses Verzeichnis enthält auch Campingplätze und Jugendherbergen.

Mit Kindern unterwegs

Da die Route im Schweizer Teil ziemlich anspruchsvoll, auf geschotterten Waldwegen mit ziemlichen Steigungen und Gefälle und auch einige Kilometer auf der Inntalstraße verläuft, ist die gesamte Tour erst für Kinder ab etwa 12 Jahren geeignet.

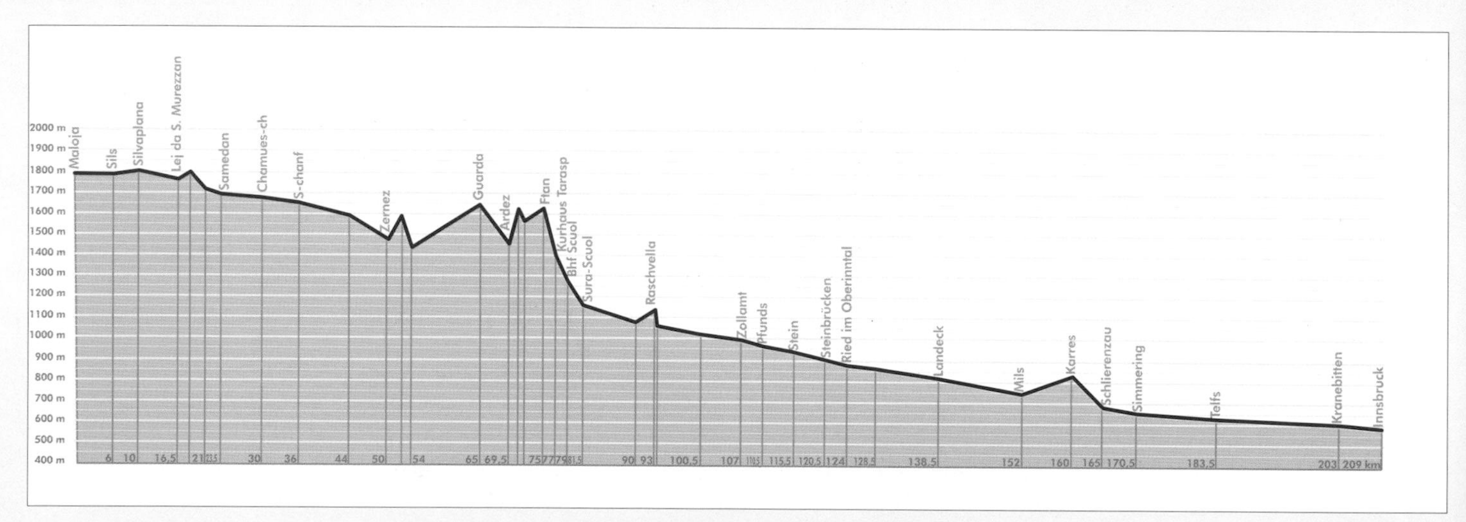

23,5

Überfordern Sie Ihre Kinder nicht, planen Sie ein, einmal eine Strecke mit dem Zug abzukürzen. Natürlich sollte das Kinderrad qualitativ mindestens Ihrem eigenen Rad entsprechen.

Das Rad für die Tour

Als Rad für die Tour sollten Sie ein stabiles Tourenrad, Trekking- oder Mountainbike mit guter Gangschaltung wählen, da einige Abschnitte auf Kies- oder Sandwegen durch den Wald verlaufen und teilweise recht steil ansteigen. Mit dem Rennrad müssten Sie sehr oft auf die Bundesstraße ausweichen – diese ist aber z. B. bei Madulain für Radfahrer gesperrt, dort müssten Sie dann auf die alte Kantonstraße ausweichen.

Radreiseveranstalter

Austria Radreisen, A-4780 Schärding, ✆ 0043/(0)7712/55110

Velociped Fahrradreisen, D-35039 Marburg, ✆ 0049/(0)6421/24511

Zu diesem Buch

Dieser Radreiseführer enthält alle Informationen, die Sie für Ihren Radurlaub entlang des Inns benötigen: exakte Karten, eine detaillierte Routenbeschreibung, ein ausführliches Übernachtungsverzeichnis und die wichtigsten Informationen zu touristischen Attraktionen und Sehenswürdigkeiten.

Und das alles mit der **original-*bikeline*-Garantie**: jeder Meter in unseren Büchern ist von einem unserer Redakteure auf seine Fahrradtauglichkeit geprüft worden!

Die Karten

Einen Überblick über die geographische Lage des Inn-Radweges gibt Ihnen die Übersichtskarte auf der vorderen inneren Umschlagseite. Hier sind auch die Blattschnitte der einzelnen Detailkarten eingetragen. Diese Detailkarten sind im Maßstab 1 : 75.000 (1 Zentimeter = 750 Meter) erstellt. Zusätzlich zum genauen Routenverlauf informieren die Karten auch über die Beschaffenheit des Bodenbelages (befestigt oder unbefestigt), Steigungen (stark oder schwach), Entfernungen sowie über kulturelle und touristische Einrichtungen entlang der Strecke.

Allerdings können selbst die genauesten Karten den Blick in den Routentext nicht immer ersetzen. Beachten Sie, dass die empfohlene Hauptroute immer in Rot, hingegen Varianten und Ausflüge in Orange dargestellt sind. Die genaue Bedeutung der einzelnen Symbole wird in der Legende auf Seite 4 erläutert.

Der Text

Der Textteil besteht im Wesentlichen aus der genauen Routenbeschreibung, die besonders in Siedlungsgebieten wichtig ist. Der Blick auf die Karte kann jedoch nicht ersetzt werden. Der fortlaufende Text beschreibt die empfohlene Hauptroute flussabwärts. Diese stichwortartigen Streckeninformationen werden, zum leichteren Auffinden, von dem Zeichen ~ begleitet.

Unterbrochen wird dieser Text gegebenenfalls durch orange hinterlegte Absätze, die Varianten und Ausflüge behandeln.
Ferner sind alle wichtigen Orte zur besseren Orientierung aus dem Text hervorgehoben. Gibt es interessante Sehenswürdigkeiten in einem Ort, so finden Sie unter dem Ortsbalken die jeweiligen Adressen, Telefonnummern und Öffnungszeiten. Folgende Symbole werden dabei verwendet:

Ort

- Tourist-Information
- Schiff und Fähre
- Museum
- Sehenswertes Bauwerk
- Ausgrabung
- Tierpark, Zoo
- Gärten, Naturparks
- Sonstiges
- Bad
- Radverleih
- Radwerkstätte

Die Beschreibung größerer Orte sowie historisch, kulturell und naturkundlich interessanter Gegebenheiten entlang der Route tragen zu einem abgerundeten Reiseerlebnis bei. Diese Textblöcke sind kursiv gesetzt und unterscheiden sich dadurch optisch vom eigentlichen Routentext.

Zudem gibt es kurze Textabschnitte in den Farben violett oder orange, mit denen wir Sie auf bestimmte Gegebenheiten aufmerksam machen möchten:

Textabschnitte in violett heben Stellen hervor, an denen Sie Entscheidungen über Ihre weitere Fahrstrecke treffen müssen; z. B. wenn die Streckenführung von der Wegweisung abweicht oder mehrere Varianten zur Auswahl stehen u. ä.

Textabschnitte in Orange stellen Ausflugstipps dar und weisen auf interessante Sehenswürdigkeiten oder Freizeitaktivitäten etwas abseits der Route hin.

Unterkunftsverzeichnis

Auf den letzten Seiten dieses Radtourenbuches finden Sie zu fast allen Orten an der Strecke ein Auswahl von günstig gelegenen Hotels und Pensionen. Dieses Verzeichnis enthält auch Jugendherbergen (⌂) und Campingplätze (Δ). Ab Seite 52 erfahren Sie Genaueres.

Vom Malojapass nach Landeck 144 km

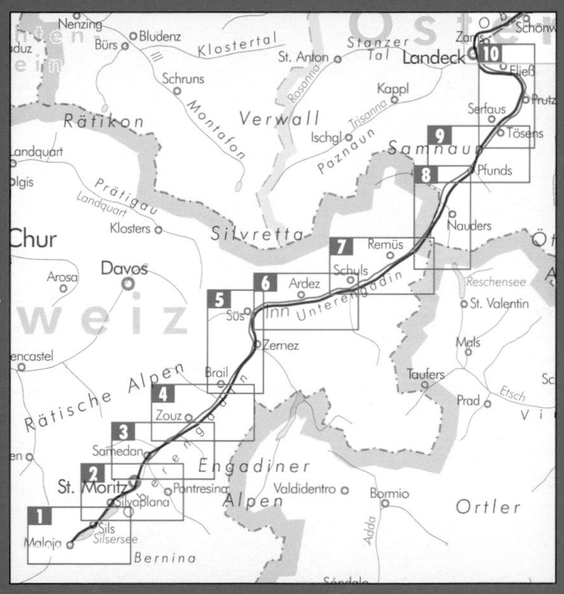

Der erste Abschnitt des Inn-Radweges startet am Malojapass auf einer Seehöhe von 1.815 Höhenmetern. Dann geht es auf der einzigen Möglichkeit durch das schmale Engadin, auf der Straße bis St. Moritz – vorbei an den Seen Lej da Segl, Lej da Silvaplauna und Lej da San Murezzan. Es gilt dann einige Steigungen zu bewältigen, auf teils unbefestigten Waldwegen, aber auch auf asphaltierten Agrarwegen oder Bergstraßen. Malerische kleine Ortschaften liegen auf der Strecke und natürlich auch die touristische Hochburg St. Moritz. Das Ende der ersten Etappe stellt Landeck dar, das vom Malojapass 135 km entefernt ist. Der Inn ist hier noch „jung und wild“, ein richtiger Gebirgsfluss mit seiner typischen grünen Farbe vom Gletscherwasser.

Die Radroute verläuft auch immer in der Nähe des Flusses, denn in diesem engen Tal gibt es keine Möglichkeit auszuweichen. Links und rechts steigen die Felswände und Berghänge auf und geben so dem Inntal einen ganz eigentümlichen Charakter. Man spürt hier auf eindrucksvolle Weise die Macht der Natur und das wir ihren Launen ausgeliefert sind.

Lej da Segl

Vom Malojapass nach Samedan **_24 km_**

Maloja

PLZ: CH-7516; Vorwahl: 081

Kur- und Verkehrsverein, ✆ 8243188

Hochmoorreservat.

Ausgangspunkt der Tour ist der Malojapass ~ auf der mäßig befahrenen Hauptstraße fahren Sie am Lej da Segl entlang ~ an **Sils** vorbei.

Sils

PLZ: CH-7514; Vorwahl: 081

Verkehrsverein, ✆ 8385050

Robbi-Museum, ✆ 8266332, ÖZ: in der Saison Mo-Sa 16-18 Uhr. Es befinden sich darin Werke des Silser Malers Andrea Robbi (1864-1945) und des Fexer Malers Samuele Giovanoli (1877-1941).

Nietzsche-Haus, ✆ 8265369, ÖZ: in der Saison Di-So 15-18 Uhr. Zu sehen gibt es Originalschriften, Briefe oder Erstausgaben des Friedrich Nietzsche, der sich 1881-88 in Sils aufgehalten hat.

Bergkirche Crasta, Fresken aus dem 16. Jh., Schlüssel im Restaurant Sonne oder in der Pension Crasta.

Alpengarten Muot Marias, befindet sich auf dem bewaldeten Hügel im Dorfzentrum, Juni-Aug. geführte Rundgänge. Es können über 200 Pflanzenarten aus dem Engadin bestaunt werden.

Lej da Silvaplauna

In Sils-Maria kann man Bauweisen der verschiedensten Epochen bewundern, denn die alten Häuser sind sehr gut erhalten. In diesem idyllischen Ort ließen sich Berühmtheiten wie Thomas Mann, Hermann Hesse, Jean Cocteau oder Friedrich Dürrenmatt von den majestätischen Bergen, den Wiesen und Wäldern und natürlich vom Silser See inspirieren.

Weiter auf der Hauptstraße neben dem Lej da Silvaplauna ~ so erreichen Sie **Silvaplana.**

Silvaplana

PLZ: CH-7513; Vorwahl: 081

Touristinformation, ✆ 8386000

Marienkirche, spätgotisch, reformierte Kirche, Werk des Tiroler Baumeisters Stefan Klein aus dem Jahre 1491.

Annakirche, katholische Kirche aus dem Jahre 1962.

Silvaplana war ein wichtiger Übernachtungsort für Reisende, Kaufleute und Händler, die über den Maloja- oder Julierpass kamen. Das eigentliche Dorf befand sich in Surlej, welches aber im Jahre 1793 verschüttet und überschwemmt wurde. Die Leute flüchteten nach Silvaplana und errichteten neue Häuser – darum ist das Dorfbild, mit einigen Ausnahmen, nicht sehr alt.

Hier bei der Abzweigung zum Campingplatz biegen Sie links von der Hauptstraße in die **Via vers Chardens** ein und radeln durch den Ort bis zur Vorfahrtsstraße **Via Maistra**

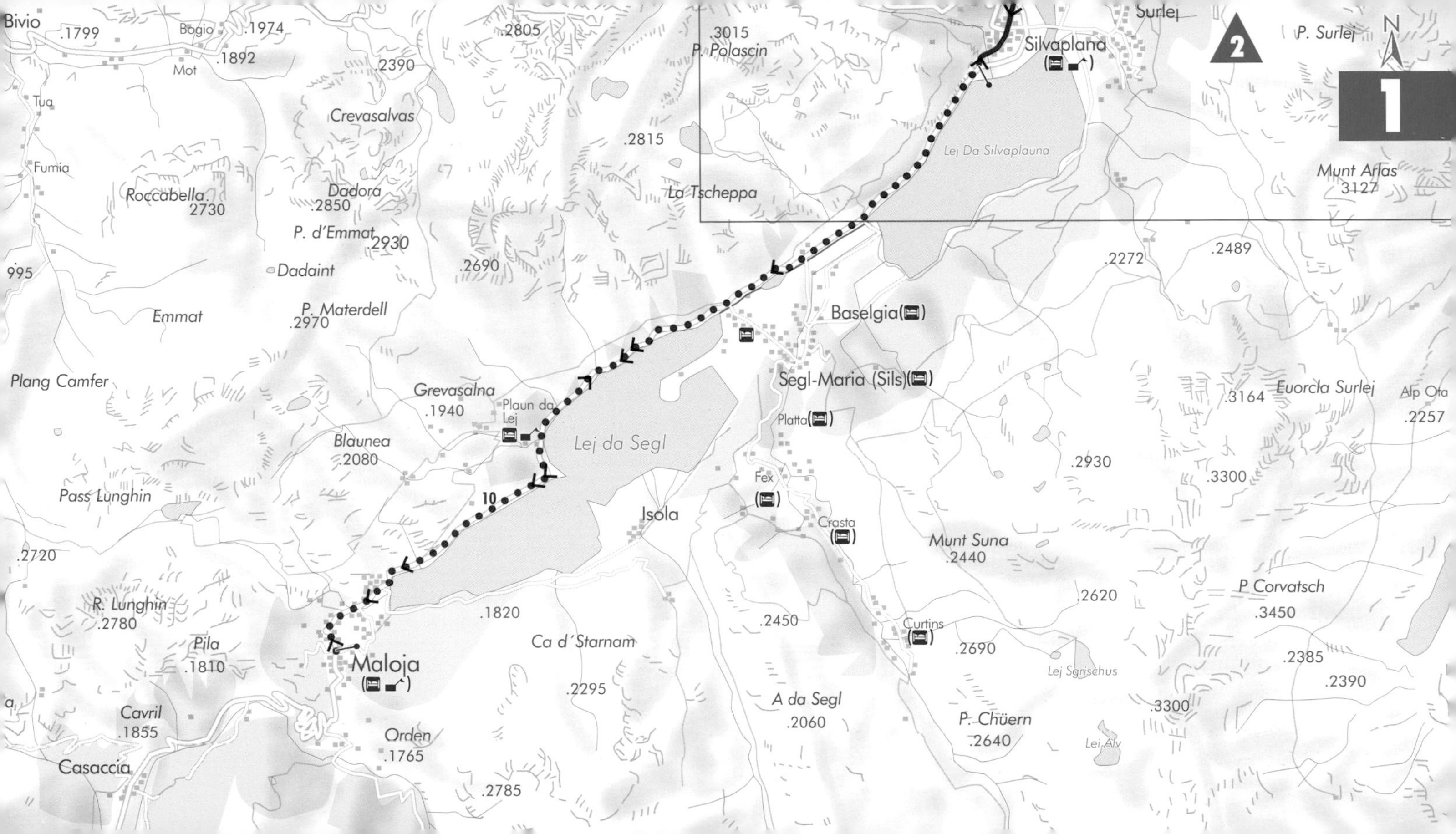

Bivio
.1799
Bogio
.1974
Mot
.1892
.2805
.3015
P. Polascin
Silvaplana
Surlej
P. Surlej
2
1
.2390
Tua
Crevasalvas
.2815
Lej Da Silvaplauna
Fumia
Dadora
.2850
La Tscheppa
Munt Arlas
3127
Roccabella.
2730
P. d'Emmat
.2930
.2690
.2272
.2489
Dadaint
Emmat
P. Materdell
.2970
Baselgia
Segl-Maria (Sils)
Plang Camfer
Grevasalna
.1940
Plaun da Lej
Platta
Euorcla Surlej
.3164
Alp Ota
.2257
Blaunea
.2080
Lej da Segl
.2930
.3300
Fex
Pass Lunghin
10
Isola
Crasta
Munt Suna
.2440
.2720
R. Lunghin
.2780
.1820
.2450
.2620
P Corvatsch
.3450
Curtins
Pila
.1810
Maloja
Ca d´Starnam
.2690
Lej Sgrischus
.2385
.2390
.2295
A da Segl
.2060
.3300
Cavril
.1855
Orden
.1765
P. Chüern
.2640
Lej Alv
Casaccia
.2785

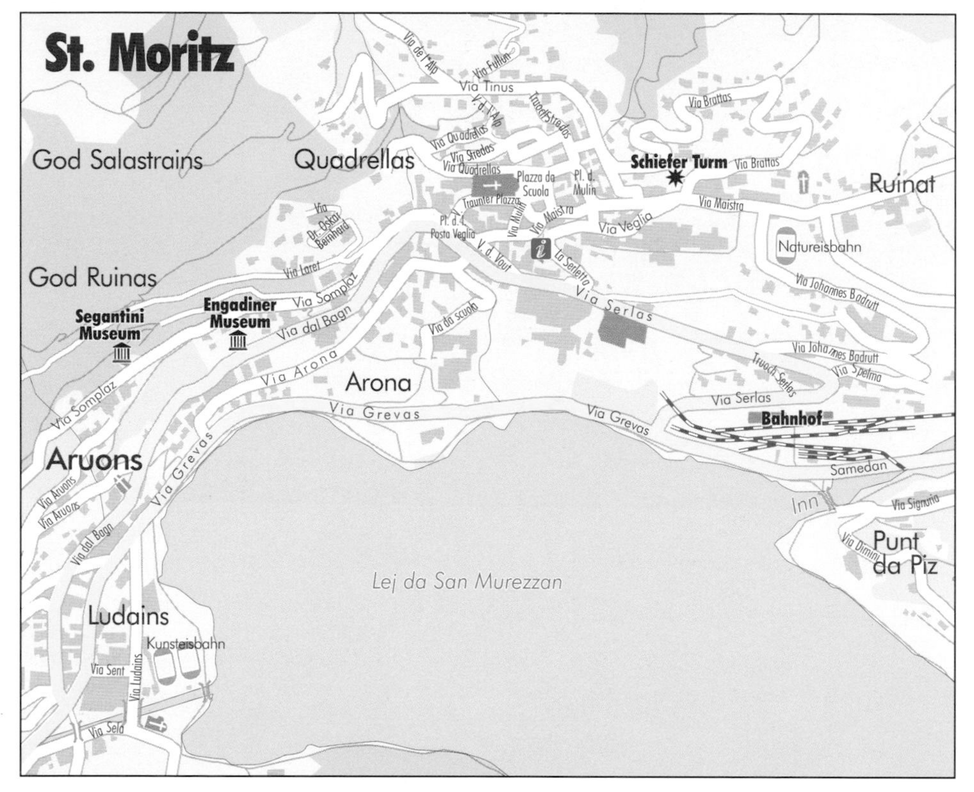

Richtung St. Moritz ~ rechts abbiegen und geradeaus weiter bis zur Hauptstraße ~ Sie überqueren diese und fahren nun rechts neben der Hauptstraße auf einem unbefestigten Radweg weiter entlang dem Lej da Champfèr.

Champfèr

Bei **Champfèr** fahren Sie unter der Hauptstraße durch ~ Sie kommen dann auf einen asphaltierten Weg, der – ziemlich stark ansteigend – in den Ort führt ~ an der Kreuzung mit der Ortsdurchfahrtsstraße rechts ~ bis zum Restaurant Primula, wo Sie wiederum rechts abbiegen dem Schild nach St. Moritz-Bad folgend ~ kurz vor der Hauptstraße auf den Radweg, der rechts von der Straße abzweigt ~ unter der Hauptstraße durch ~ auf dem unbefestigten Weg über eine Brücke geradeaus immer den Schildern folgend fahren Sie an einem Campingplatz vorbei und erreichen auf dem inzwischen asphaltierten Weg **St. Moritz-Bad**.

St. Moritz

PLZ: CH-7500; Vorwahl: 081

Kur- und Verkehrsverein, ✆ 8373333

Engadiner Museum, Via dal Bagn 39, ✆ 8334333, ÖZ:

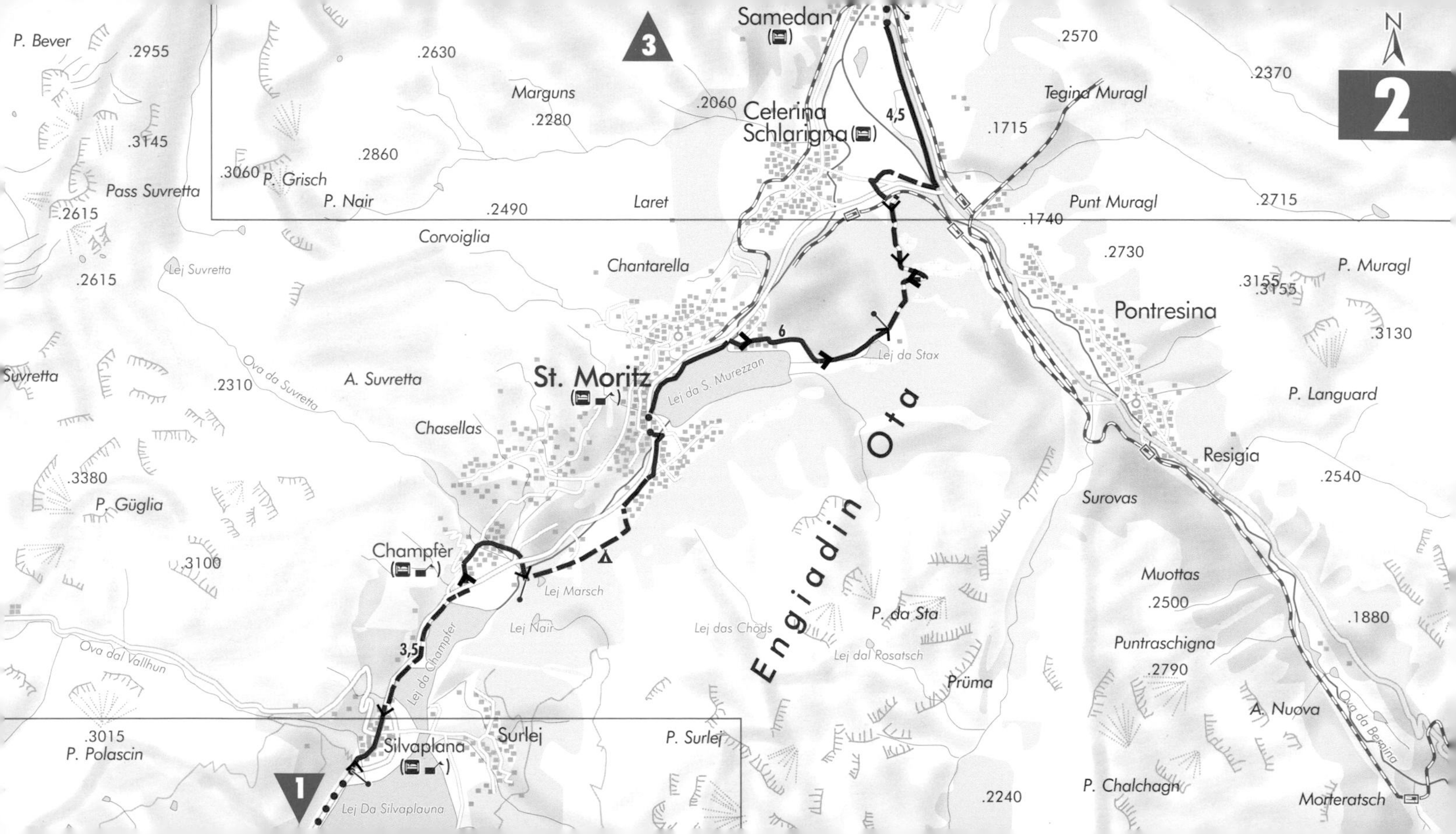

2
3
1
Samedan
Celerina Schlarigna
St. Moritz
Pontresina
Champfèr
Silvaplana
Surlej
Engiadin Ota
P. Bever
.2955
.2630
Marguns
.2060
.2280
.2570
.2370
Tegina Muragl
.3145
.2860
.3060
P. Grisch
P. Nair
Pass Suvretta
.2490
Laret
Punt Muragl
.2715
.1715
.1740
.2615
Corvoiglia
Chantarella
.2730
Lej Suvretta
P. Muragl
.3155
.3130
Lej da Stax
Lej da S. Murezzan
Suvretta
A. Suvretta
.2310
Ova da Suvretta
P. Languard
Chasellas
Resigia
.3380
P. Güglia
.2540
Surovas
.3100
Lej Marsch
Muottas
.2500
Lej Nair
Lej das Chöds
P. da Sta
.1880
Ova dal Vallhun
Lej dal Rosatsch
Puntraschigna
.2790
Lej da Champfer
Prüma
A. Nuova
Ova da Bernina
.3015
P. Polascin
P. Surlej
Lej Da Silvaplauna
.2240
P. Chalchagn
Morteratsch
3,5
4,5
6

St. Moritz

Juni-Okt., Mo-Fr 9.30-12 Uhr und 14-17 Uhr, So 10-12 Uhr, Dez.-April, Mo-Fr 10-12 Uhr und 14-17 Uhr, So 10-12 Uhr. Im Haus, im Engadiner Stil erbaut, gibt es Einblicke in die frühere Lebensweise.

Segantini Museum (1908), Via Somplaz 30, ✆ 8334454, ÖZ: Juni-Okt., Dez.-April Di-So 10-12 Uhr und 15-18 Uhr. Dieses Museum ist dem Maler Giovanni Segantini gewidmet, der seine letzten fünf Jahre hier verbrachte. Besonders sehenswert ist das Triptichon „La vita, la natura, la morte".

Mili-Weber-Haus, Via Dim Lej 35, ✆ 8333186. In diesem romantischen Haus sind Gemälde, Skizzen und Bildergeschichten der Künstlerin zu sehen.

Schiefer Turm (12. Jh.). Dies ist der 33m hohe Restturm der 1890 abgebrochenen St.-Mauritius-Kirche. Er neigt sich in einem Winkel von 5,5 Grad.

Chesa Veglia (1658). Ein originales altes Engadiner Bauernhaus.

Mauritiusbrunnen (1910), Plazza Mauritius. Vom Bildhauer W. Schwerzmann in Gedenken an die Wohltäterin Baronin Goldschmidt-v. Rothschild erschaffen.

Hallenbad, ✆ 8336025. ÖZ: Mo-Fr 10-21.30 Uhr, Sa 10-18.30 Uhr, So/Fei 11-18.30 Uhr.

St. Moritz Bad, ✆ 8333062: ÖZ: Mo-Fr 8-12 Uhr und 14-18.30 Uhr, Sa 8-12 Uhr. Aromabäder, Massagen, Moorpackungen.

St. Moritz wurde 1139 erstmals urkundlich erwähnt. Eine 1907 entdeckte mittelbronzezeitliche Quellfassung beweist jedoch, dass die Heilquelle schon vor mehr als 3.000 Jahren bekannt war und auch genutzt wurde.

1537 bezeichnet der berühmte Arzt Theophrastus Paracelsus diese als eine der wirksamsten in Europa. In den darauffolgenden Jahrhunderten werden immer mehr Pensionen und Hotels gebaut und 1864 entstand hier der 1. Verkehrsverein in der Schweiz. Damit wurde ein wichtiger Grundstein für den Tourismus, insbesondere dem Wintertourismus und Wintersport gelegt. Bereits 1885 verfügt St. Moritz über rund 3.000 Gästebetten.

1929 wurde hier die 1. Schischule der Schweiz gegründet. 1928 und 1948 fanden hier Olympische Winterspiele statt und drei Alpine Schiweltmeisterschaften (1934, 1948 und 1974) wurden ebenfalls hier ausgetragen.

San Gian bei Celerina

Sie bleiben weiterhin auf der Straße ~ biegen dann links ab in die **Via Rosatsch** ~ folgen dem Verlauf der Straße bis zur Kreuzung mit der Hauptstraße ~ rechts abbiegen, ein kurzes Stück geht es auf der Hauptstraße weiter ~ Sie können dann rechts auf einen asphaltierten Radweg ausweichen, der am **Lej da San Murezzan** entlangführt ~ nach dem See hört der Radweg auf ~ Sie fahren dann rechts den Schildern folgend Richtung Celerina auf einem asphaltierten, doch holpri-

3
4
2
Pass d´Alvra Albuapass
Crap Alv
Val d´Alvra
Pix Mex
La Punt
Chamues
Crasta Mora
P. Mezzaun
Champesch
Crasta Mora
Bverin
Cho d´Valletta
Ova Chamura
Bever
Munt Müsella
Muottas
A. Suvretta
A. Burdun
Munt Gravatscha
Alp Muntatson
Samedan
P. Malat
Piz Ot
P. Saluver
Marguns
Tegina Muragl
Celerina Schlarigna
P. Grisch
P. Nair
Laret
Punt Muragl
A. Prüna
3,5
4
4,5
.2025
.21
.1685
.2340
15
.2965
.3000
.2205
.2900
.2185
.2465
.1705
.2865
.2630
.2210
.2885
.2210
.2185
.2945
.2830
.3245
.2840
.2750
.2570
.2710
.2920
.2630
.2370
.3140
.2060
.2280
.1715
.3170
.2860
.2490
.2715
.2270

gen und stark steigenden Weg weiter ~ weiter auf asphaltiertem Weg, an einem wunderschönen kleinen See, dem **Lej da Staz**, vorbei ~ es geht dann bei der Weggabelung links - dem Schild nach Celerina folgend - weiter auf einem unbefestigten Weg, der ziemlich steil bergabführt ~ bei allen Weggabelungen folgen Sie den Schildern der Route 6 ~ bis Sie zum Bahnübergang bei **Celerina** kommen.

Celerina

PLZ: CH-7505; Vorwahl: 081

Celerina Tourismus, ✆ 8300011

Kirche San Gian (14. Jh.)

Ab hier ist der Weg wieder asphaltiert ~ Sie fahren auf einer Brücke über die Hauptstraße geradeaus weiter ~ dann biegen Sie bei der ersten Möglichkeit im spitzen Winkel nach rechts ab ~ es geht kurz geradeaus und dann gleich links auf einen unbefestigten Weg, welcher in Richtung Hauptstraße führt ~ Sie folgen dessen Verlauf, kommen dann zu einer Brücke und fahren links neben der Hauptstraße auf einem asphaltierten Radweg weiter bis nach **Samedan**.

Samedan

PLZ: CH-7503; Vorwahl: 081

Kirche St. Peter

Alter Turm

Von Samedan nach Zernez — 26,5 km

Beim Kreisverkehr kurz vor Samedan fahren Sie rechts und dann Richtung Zernez und Scuol auf der Hauptstraße weiter ~ bei der Abzweigung nach Cho d'Punt rechts ~ kurz geradeaus ~ dann links in die **Plazza Aviatica** Richtung Flugplatz ~ kurz vor diesem biegen Sie links ab immer den Schildern der Route 6 nach ~ der Weg ist asphaltiert und führt Sie am Flugfeld vorbei hin zum Wald. Sie kommen nach ca. 2 km zu einer Weggabelung und nehmen den linken unbefestigten Weg, der auf der rechten Seite des Sees entlangführt ~ Sie folgen dem Verlauf dieses Weges und erreichen schließlich einen Platz, wo sich zu Ihrer Rechten eine Deponie befindet ~ dann geht's den Schildern folgend eher links auf einem unbefestigten Weg weiter ~ dessen Verlauf folgen Sie am Inn entlang bis **La Punt-Chamues**.

Radroute bei Zernez

La Punt-Chamues

PLZ: CH-7522; Vorwahl: 081

Verkehrsbüro, ✆ 8542477

San-Andrea-Kirche, in frühgotischem Stil, interessante Malereien und Fresken. Der Schlüssel ist beim Verkehrsbüro erhältlich.

In La Punt-Chamues auf der Dorfstraße links - ⚠ Achtung nicht den Schildern nach Thusis folgen! – und bei der nächsten Möglichkeit rechts Richtung Scuol und Zernez – ⚠ nicht links zur Hauptstraße, denn diese ist ab hier für Radverkehr gesperrt und auch nicht Richtung Madulain, wo derzeit zwar noch ein Schild hinweist, der Radweg aber rechts der Hauptstraße asphaltiert an Madulain vorbeiführt.

Madulain

Vorwahl: 081

Verkehrsbüro, ✆ 8541171

Ruine **Guardaval**, oberhalb von Madulain gelegen,

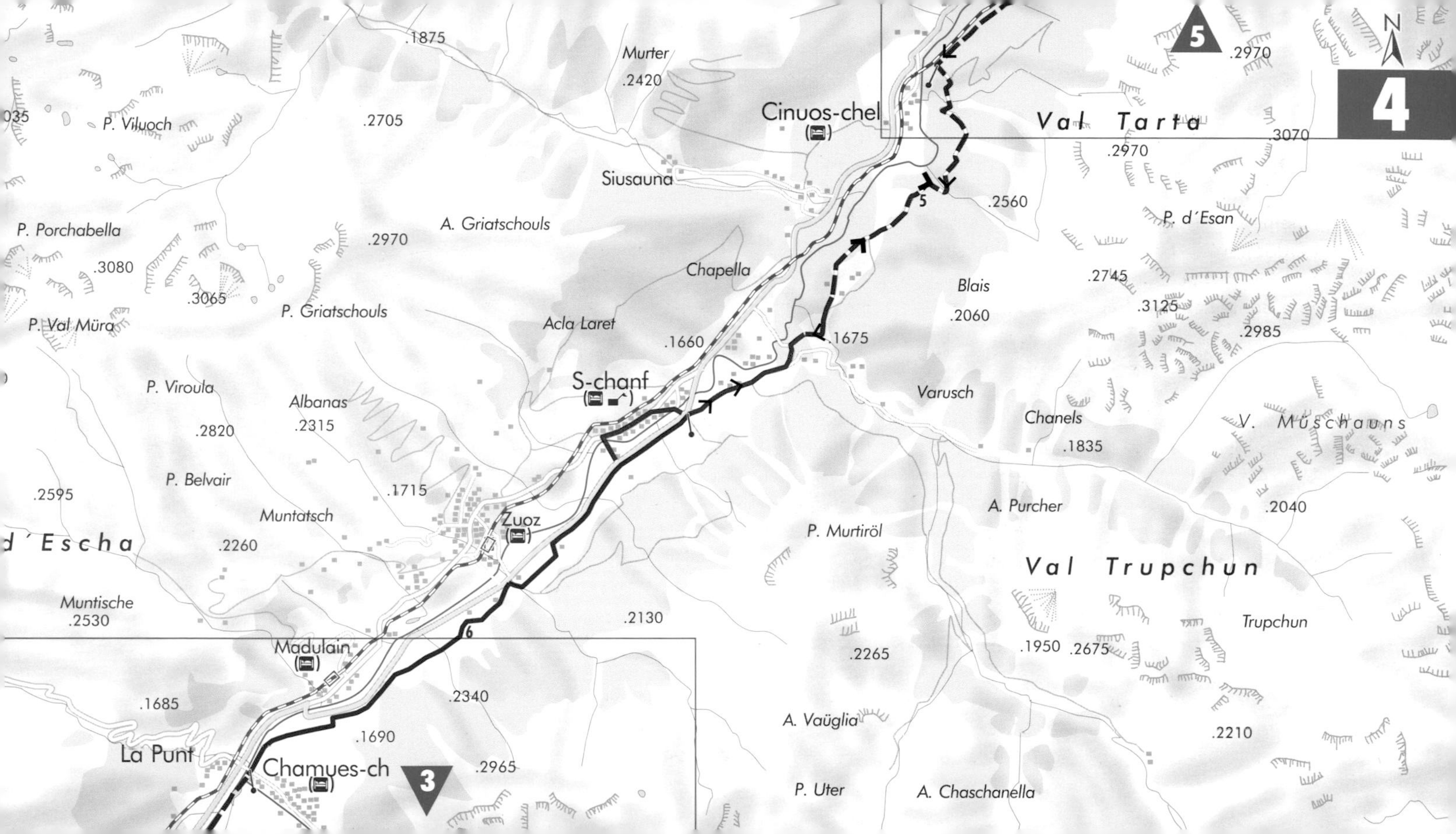

5
4
Val Tarta
.2970
.3070
.1875
Murter
.2420
Cinuos-chel
035
P. Viluoch
.2705
Siusauna
.2560
P. d´Esan
A. Griatschouls
P. Porchabella
.2970
Chapella
.3080
Blais
.2745
.3065
.3125
P. Griatschouls
.2060
P. Val Müra
Acla Laret
.2985
.1660
.1675
S-chanf
P. Viroula
Varusch
Albanas
Chanels
V. Müschauns
.2315
.2820
.1835
P. Belvair
.2595
.1715
Muntatsch
A. Purcher
.2040
Zuoz
d´Escha
.2260
P. Murtiröl
Val Trupchun
Muntische
.2530
.2130
6
Madulain
Trupchun
.1950
.2675
.2265
.1685
.2340
A. Vaüglia
.2210
.1690
La Punt
Chamues-ch
3
.2965
P. Uter
A. Chaschanella

wunderbare Aussicht auf das gesamte Oberengadin.

Kirche San Bartholomeo (1507-10). 1995 wurde die Kirche renoviert. Der Schlüssel ist beim Verkehrsbüro erhältlich.

Auf dem asphaltierten Radweg bis **Zuoz** neben der Hauptstraße entlang.

Zuoz

PLZ: CH-7524; Vorwahl: 081

Touristinformation, ✆ 8541510

Museum Caferama, in der höchstgelegenen Kaffeerösterei Europas. ÖZ: Do, Fr 14-18 Uhr.

Kapelle San Bastiaun. Im Innern spätgotische Fresken.

Kirche San Luzi. Mit Fenstermalereien von Giacometti und Casty.

1499 zwang das Dorf durch die „Taktik der verbrannten Erde“ die Soldaten Kaiser Maximilians zum Rückzug. Das Dorf allerdings musste wiederaufgebaut werden. Viele wanderten aus, machten ihr Glück in der Ferne und kehrten als reiche Leute zurück, wovon noch die prächtig verzierten Patrizierhäuser zeugen. Zuoz ist heute ein beliebter Ferienort und ein wichtiger Schulort. Sehenswert sind die Kapelle San Bastiaun mit spätgotischen Fresken, die Kirche San Luzi mit Fenstermalereien von Giacometti und Casty, sowie der Kerker und die St.-Katharina-Kirche. Die Schlüssel sind bei der Touristinformation erhältlich.

Bei Zuoz folgen Sie den Radschildern nach rechts, den Berg hinauf ~ bei der ersten Möglichkeit nach links ~ Schilder sind vorhanden ~ der Radweg ist asphaltiert und verläuft neben der Straße bis **S-chanf**.

S-chanf

PLZ: CH-7525; Vorwahl: 081

Verkehrsverein, ✆ 8542255

Tipp: Bei S-chanf gibt es zwei Möglichkeiten: Entweder Sie fahren auf dem Radweg rechts neben der Hauptstraße geradeaus weiter oder Sie machen einen Abstecher nach S-chanf. Es geht links ab in den Ort unter der Hauptstraße hindurch. Die Beschilderung ist nicht eindeutig – es könnten ein paar Schilder stehen, die den Weg durch den Ort weisen. Sie fahren durch S-chanf hindurch, bei der Kirche rechts hinunter, über den Inn und unter der Hauptstraße durch. Dann stoßen Sie wieder auf den Radweg, der von rechts einmündet.

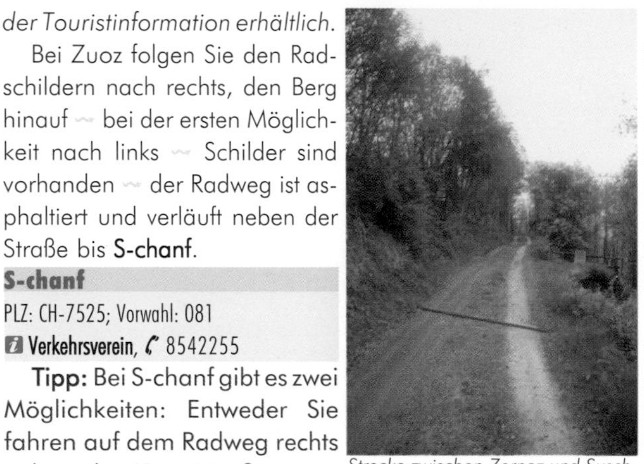

Strecke zwischen Zernez und Susch

Sie folgen dem Verlauf der Straße ~ bei der Weggabelung nehmen Sie den linken Weg, dieser ist asphaltiert, doch ab der Brücke wieder unbefestigt ~ es zweigt ein Weg rechts ab, doch Sie fahren geradeaus ~ bei der nächsten Weggabelung bleiben Sie weiterhin auf dem Weg, geradeaus dem Schild folgend ~ es geht unbefestigt bergauf und führt Sie durch den Wald ziemlich in der Nähe des Flusses ~ nach 8 Kilometer ist der Weg asphaltiert ~ Sie kommen nach ca. 2 Kilometer zu einer Weggabelung, dort folgen Sie den Schildern nach rechts Richtung Zernez ~ der Weg führt unbefestigt durch den Wald ziemlich an der Bahn entlang und mündet dann in eine asphaltierte Querstraße ~ hier folgen Sie den Schildern nach rechts ~ bei der nächsten Weggabelung links über die Brücke, den Schildern folgend ~ nach der Brücke wieder nach links auf die Hauptstraße ~ bei **Zernez** erreichen Sie eine Vorfahrtsstra-

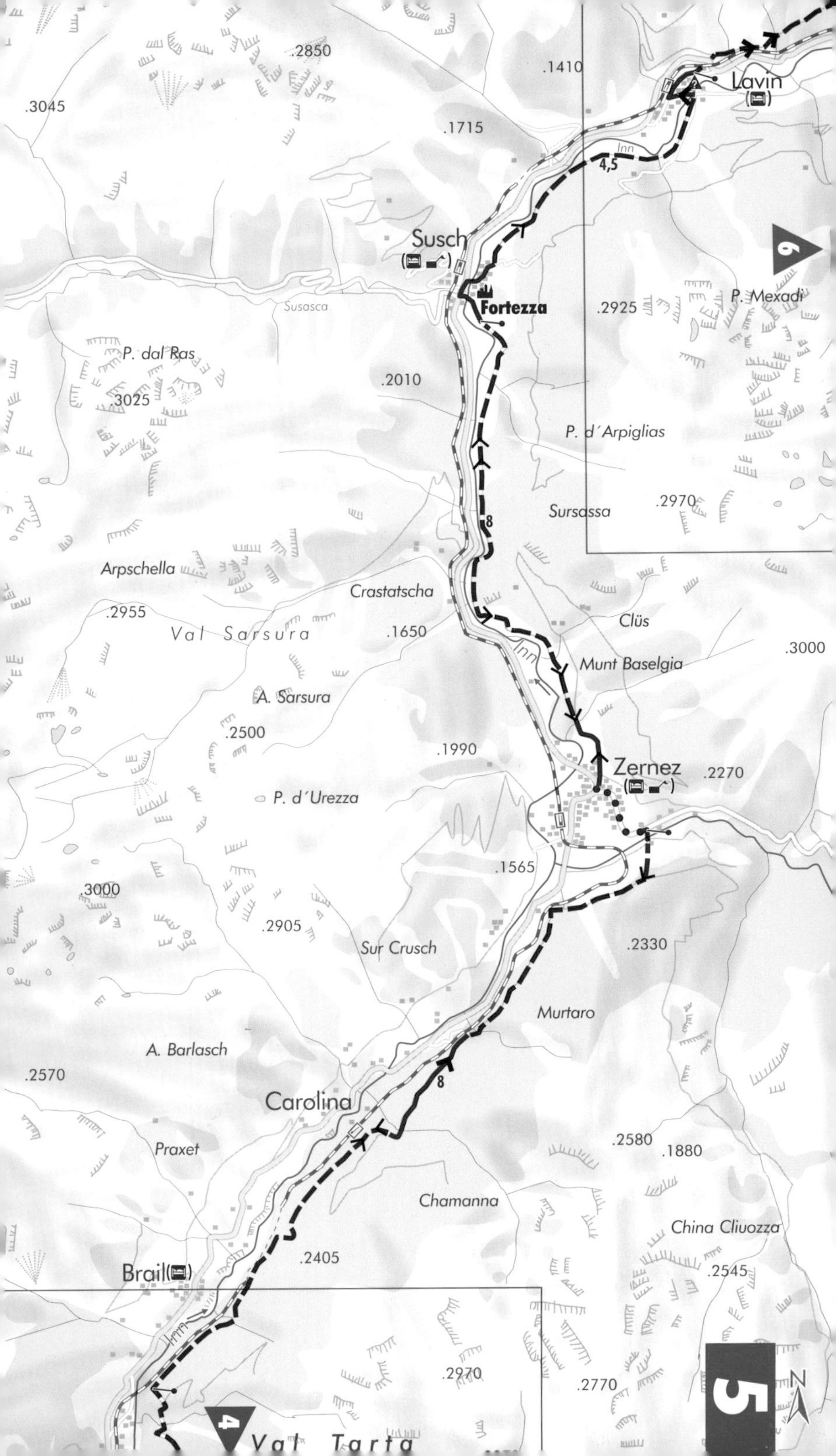

5
6
4
N
Lavin
P. Mexadi
.2850
.1410
.3045
.1715
Inn
4,5
Susch
Fortezza
Susasca
.2925
P. dal Ras
.3025
.2010
P. d´Arpiglias
Sursassa
.2970
8
Arpschella
Crastatscha
.2955
Val Sarsura
.1650
Clüs
Munt Baselgia
.3000
A. Sarsura
.2500
.1990
Zernez
.2270
P. d´Urezza
.1565
.3000
.2905
Sur Crusch
.2330
Murtaro
A. Barlasch
.2570
Carolina
Praxet
.2580
.1880
Chamanna
China Cliuozza
Brail
.2405
.2545
.2970
.2770
Val Tarta

ße, dort rechts halten Richtung Scuol.

Zernez

PLZ: CH-7530; Vorwahl: 081

Verkehrsverein, ✆ 8561300

Nationalparkhaus und Nationalpark, Informationszentrum ✆ 8561378. Für Wanderungen durch den Nationalpark muss man sich beim Verkehrsverein spätestens bis zum Vorabend anmelden. Der Nationalpark ist ein Naturreservat und dient dem Schutz der Fauna und Flora.

Von Zernez nach Ardez 20 km

In Zernez fahren Sie nicht auf die Hauptstraße, sondern biegen in die Straße **Viel** ab ~ weiter links in die **Viel da Predgia** ~ Sie folgen dem Straßenverlauf geradeaus ~ Sie kommen zu einer Weggabelung und nehmen den linken unbefestigten Weg, der hinunter zum Inn führt ~ Sie radeln eine Weile am Inn entlang und durch den Wald, bis Sie **Susch** erreichen.

Inn in Susch

Susch

PLZ: CH-7542; Vorwahl: 081

Verkehrsverein, ✆ 8622862

Kirche St. Jon (1515). Schöne Rokokoorgel von 1770 und romanischer Turm.

La Tuor, ein ursprünglich fünfstöckiger Wohnturm in Surpunt.

Praschun, Gefängnis, einstmals alter Wohnturm, seit dem Brand 1772 alleinstehend.

Fortezza Rohan, befindet sich auf dem Hügel Chaschinas, Ruine einer Sternfeste.

La Fuorcha oder **Güstizia**, Galgen zwischen Susch und Zernez, Überreste sind zwei sehr gut erhaltene konische Pfeiler.

*1161 wurde **Susch** erstmals urkundlich erwähnt. Es gibt sowohl prähistorische Funde auf Padnal und am Flüelapass, als auch Funde römischer Münzen. Susch überlebte drei große Brände (1772, 1900 und 1925). Heute ist es ein beliebter Wintersportort.*

Hier ist der Weg wieder asphaltiert ~ Sie fahren geradeaus über eine Brücke in den Ort hinein ~ im Ort kommen Sie zu einer Vorfahrtstraße, dort rechts halten Richtung Martina, Scuol ~ rechts über die nächste Brücke ~ bei der Weggabelung folgen Sie den Radschildern links zum Inn hinunter - ein asphaltierter Weg, der in einen unbefestigten übergeht ~ dieser führt Sie nach **Lavin.**

Lavin

PLZ: CH-7543; Vorwahl: 081

Verkehrsverein, ✆ 8622040

***Lavin** hat heute noch den Charakter eines Bergdorfes. Sehenswert sind die Kirche mit Malereien aus dem 16. Jahrhundert, alte Häuser, die vom Brand 1869 verschont geblieben sind und die Ruinen von Gonda, einem im 16. Jahrhundert zerstörten Dorf. Lavin ist der Ausgangspunkt einiger Wanderwege.*

Susch

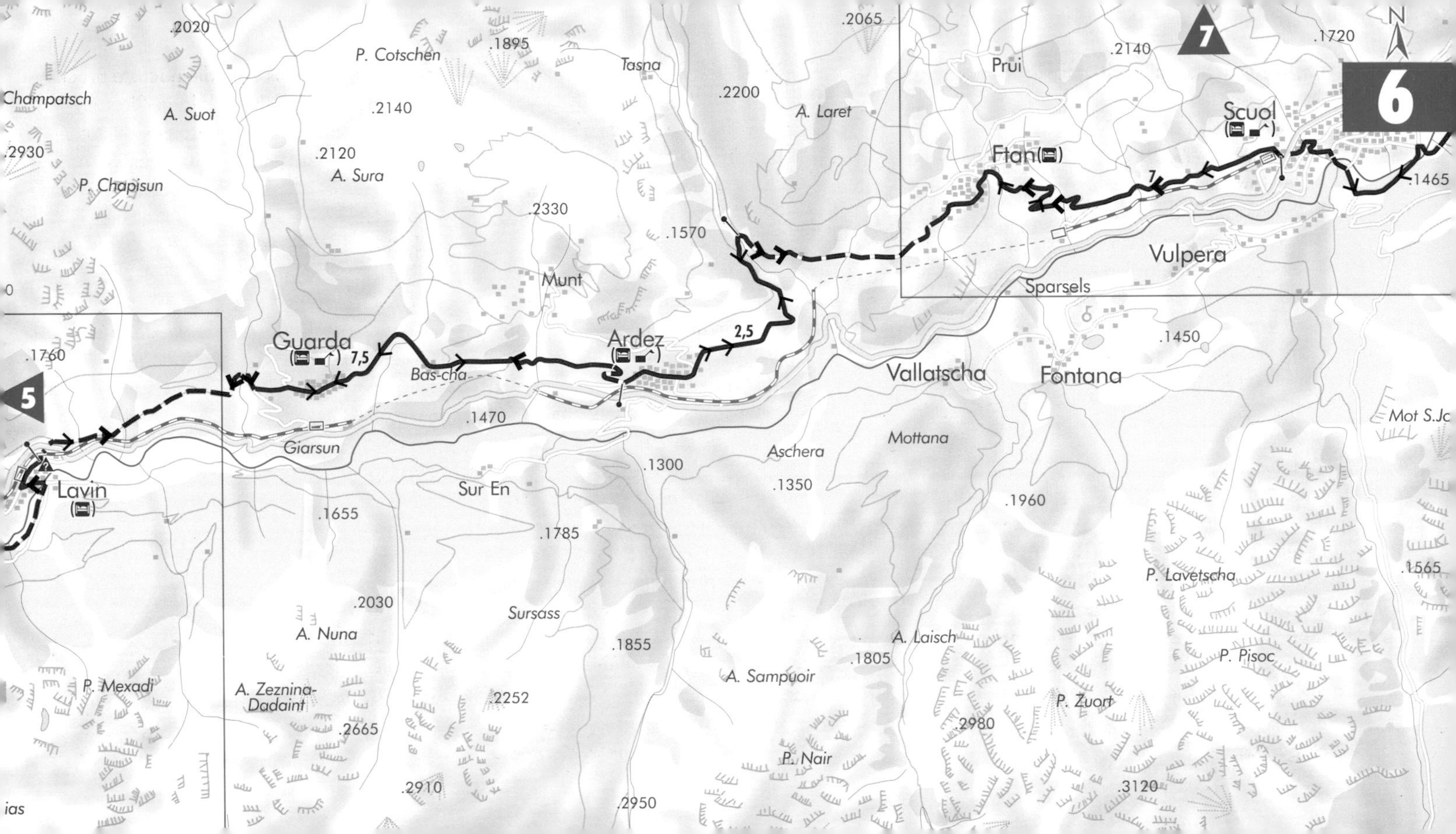

7
6
5
Scuol
Ftan
Prui
Vulpera
Sparsels
Vallatscha
Fontana
Ardez
Guarda
Lavin
Munt
Bas-cha
Giarsun
Sur En
Aschera
Mottana
Tasna
A. Laret
P. Cotschen
A. Suot
Champatsch
P. Chapisun
A. Sura
Sursass
A. Nuna
P. Mexadi
A. Zeznina-Dadaint
A. Sampuoir
A. Laisch
P. Nair
P. Zuort
P. Pisoc
P. Lavetscha
Mot S.Jc
7,5
2,5
7
.2020
.1895
.2065
.2140
.1720
.2200
.2140
.2930
.2120
.2330
.1570
.1465
.1760
.1450
.1470
.1300
.1350
.1960
.1655
.1785
.2030
.1855
.1805
.1565
.2252
.2665
.2980
.2910
.2950
.3120

Der Weg ist dann wieder asphaltiert ~ links über die Brücke in den Ort hinein ~ bei der Hauptstraße angelangt, folgen Sie den Schildern, die nach rechts weisen ~ am Ende des Ortes zweigt ein unbefestigter Weg nach links ab, unter der Eisenbahn und unter der Hauptstraße hindurch. ⚠ Achtung: diese Abzweigung ist leicht zu übersehen. Die Route verläuft weiter oberhalb der Bahn ~ es geht ständig bergauf ~ bei der Weggabelung fahren Sie links, den Schildern folgend ~ da es zuvor stetig bergauf ging, geht es jetzt ziemlich stark bergab ~ Sie kommen zu einer wundervollen Stelle, wo sich ein Gebirgsbach seinen Weg durch den Wald und ins Tal erkämpft ~ vor allem zu beachten sind zwei Gattertore, die zu öffnen und natürlich auch gleich wieder zu schließen sind, denn zwischen diesen beiden Toren weidet eine Schafherde ~ nach dem zweiten Tor fahren Sie über eine Brücke ~ dann nach der Rechtskurve führt der Weg wieder bergauf ~ Sie stoßen auf eine asphaltierte Straße ~ der folgen Sie nach links in den Ort **Guarda** hinein.

Guarda

PLZ: CH-7545; Vorwahl: 081

Verkehrsverein, ✆ 8622342

Seinen Namen hat Guarda („Schau!") durch die herrliche Aussicht talauf- und talabwärts erhalten, denn es liegt hoch über dem Tal. Das Dorf ist bekannt für seine Holzwarenverarbeitung und sein schmuckes Ortsbild mit den prächtigen Sgraffitohäusern.

Die Ortsdurchfahrtsstraße führt Sie durch den malerischen Ort ~ weiter geht's auf der Straße durch den Wald ~ die nächste Ortschaft ist **Bos-cha**.

Ardez

Bos-cha

Sie fahren durch den Ort ~ kurz danach wird die Straße zu einem unbefestigten Weg ~ ab einer Brücke bei **Ardez** ist der Weg wieder asphaltiert ~ bei der Weggabelung folgen Sie den Schildern nach rechts in einen unbefestigten Weg ~ der führt in Kehren den Berg hinunter ~ vor Ardez stoßen Sie auf die Ortsdurchfahrtsstraße, auf welcher Sie durch den Ort radeln.

Ardez

PLZ: CH-7546; Vorwahl: 081

Verkehrsverein Ardez, Sur-En und Bos-cha, ✆ 8622330

Von Ardez nach San Niclà 24 km

Nach Ardez weiter auf der asphaltierten Straße, die bergauf führt ~ der Verlauf ist sehr kurvenreich und ständig steigend ~ nach der Brücke in der Kehre befinden Sie sich abermals auf einem unbefestigten Weg ~ nach 1 km ist der Weg wieder asphaltiert ~ Sie erreichen **Ftan** und bleiben weiterhin auf der Straße.

Ftan

PLZ: CH-7551; Vorwahl: 081

Verkehrsverein, ✆ 8640557

In Ftan folgen Sie dem Verlauf der Hauptstraße im Rechtsbogen Richtung Scuol ~ in einigen Kehren führt die Straße wieder bergab ~ Sie folgen dem Straßenverlauf bis nach **Scuol**.

Scuol

PLZ: CH-7550; Vorwahl: 081

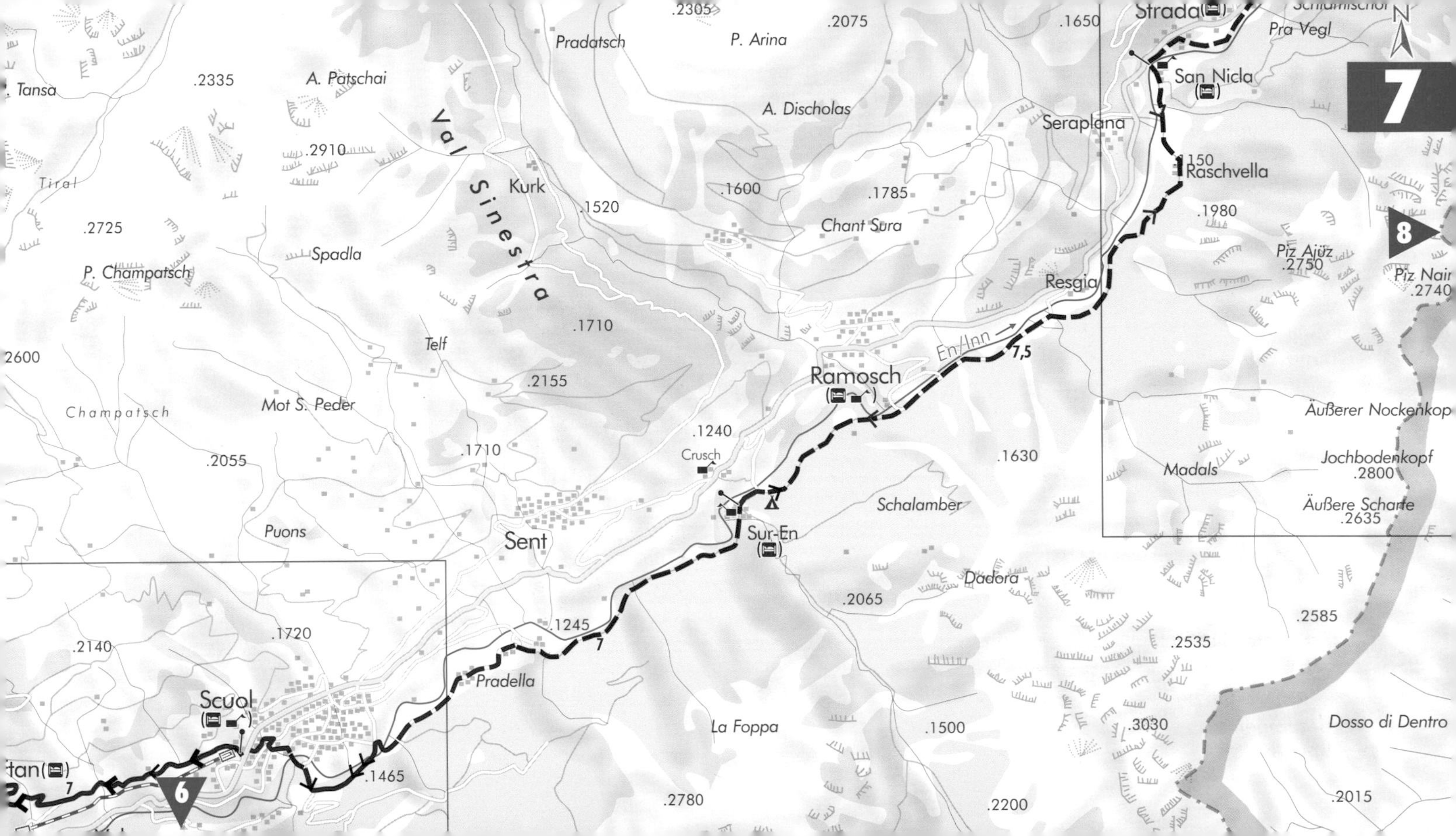

7
8
6
Strada
Pra Vegl
San Nicla
Seraplana
Raschvella
.1150
.1650
.2305
.2075
Pradatsch
P. Arina
A. Patschai
A. Discholas
.2335
Tansa
Val Sinestra
.2910
Tiral
Kurk
.1520
.1600
.1785
Chant Sura
.1980
.2725
Spadla
P. Champatsch
Piz Ajüz
.2750
Piz Nair
.2740
Resgia
.1710
Telf
2600
En/Inn
7,5
Ramosch
.2155
Champatsch
Mot S. Peder
Äußerer Nockenkop
.1240
.1710
Crusch
.1630
.2055
Madals
Jochbodenkopf
.2800
Schalamber
Äußere Scharte
.2635
Puons
Sent
Sur-En
Dadora
.2065
.2585
.1245
7
.2140
.1720
.2535
Pradella
Scuol
La Foppa
.1500
.3030
Dosso di Dentro
Ftan
.1465
.2780
.2200
.2015

Scuol Tourismus, ✆ 8612222
„Bogn Engiadina Scuol", Erlebnis- und Gesundheitsbad.

Scuol hat einen alten Dorfkern mit ebenso alter Baukultur, es gibt auch das Museum des Unterengadins (mit Führungen) und ein Bergbau- und Bärenmuseum im Val s-charl.

Inn bei Scuol

In Scuol fahren Sie unter der Bahn hindurch und bei der ersten Abzweigung nach links Richtung Martina ~ bei der Touristinformation kommen Sie zur Hauptstraße, wo Sie rechts fahren und bei der nächsten Abzweigung wieder links, den Schildern folgend ~ bei einem alten Hotel (außer Betrieb) in einem spitzen Winkel nach links ab ~ weiter über eine Brücke, die für Kraftfahrzeuge gesperrt ist ~ dann den Schildern folgend geradeaus am Sportplatz vorbei ~ bei der Weggabelung fahren Sie links auf die asphaltierte Straße ~ es folgt eine T-Kreuzung, wo Sie links Richtung Martina weiterradeln ~ über die Brücke geradeaus und dann den Weg rechts Richtung Pradella ~ wieder über eine Brücke und dann auf einem unbefestigten Weg bis zur Weggabelung ~ geradeaus weiterfahren ~ **Pradella** liegt zu Ihrer Rechten ~ immer weiter auf diesem Weg ~ in der Nähe des Umspannwerkes ist der Weg wieder asphaltiert ~ kurz vor der Innbrücke biegen Sie in den unbefestigten Radweg nach rechts ein ~ Sie radeln neben dem Inn bis **Sur En**.

Sur En

Bei der T-Kreuzung rechts, den Schildern folgend ~ der Weg ist wieder asphaltiert ~ weiter nach links, dem Schild folgend ~ geradeaus bis zum Campingplatz ~ in den Campingplatz nach rechts einbiegen in einen unbefestigten Weg ~ dieser führt Sie zum Wald hinauf und 7 km durch diesen immer in der Nähe des Inns bis nach **San Niclà**.

Kirche in Scuol

San Niclà

Von San Niclà nach Pfunds 17 km

In San Niclà ist der Weg asphaltiert ~ Sie folgen den Schildern ~ nach der Innbrücke geht der Weg rechts ab und verläuft zwischen Inn und Hauptstraße unbefestigt ~ weiter entlang des Inns ~ teilweise ist der Radweg schlecht befahrbar ~ nach **Strada** ist der Weg asphaltiert und führt unter einer Brücke weiter zwischen Inn und Hauptstraße ~ kurz vor **Martina** fahren Sie unter der Hauptstraße hindurch, nach Martina hinein.

Martina

PLZ: CH-7560; Vorwahl: 081
Verkehrsverein Tschlin, ✆ 8663232

An der Ortsdurchfahrtsstraße rechts ~ weiter durch den Ort erreichen Sie die Hauptstraße und auch sofort den Grenzübergang ~ weiter fahren Sie auf der Straße Richtung Landeck, welche nur mäßig befahren ist ~ es geht immer dahin auf der Bundesstra-

Valatscherkopf
Spissegger
Rauher Kopf
2052
Funtana Buna
Noggler Wald
Hinterkobl
Zollamt
Kajetansbrücke
Hinter-
rauth
Schergenbach
Ruing Cotscha
.2665
.1017
Roßkopf
2461
Velschenmais
2120
Hochfinster-
münz
.2740
Piz Alpetta
.2975
Vinadi
Bazallerkopf
2160
Piz Mundin
.3105
9
Piz Murtera
Finster-
münzpass
Piz Fot
.2590
2580
.1074
Pradatsch
Selles-
köpfe
Motta Mundin
Ovella
.1090
Paraditsch
Pradatsch
B 315
Schwarz-
bodenkreuz
2048
.2610
Alp Tea
Inn
.1331
Nauders
Motta d'Alp
.2110
B 187
Unterengadin
Hof da Munts
Cludra
Nauders-
mühlen
Zollamt
Mundaditschas
.1035
Martina
Planas
.1555
Stables
.1385
Brandwald
Tschlin
Chasura
Tiefhof
4
Piengbach
Schwarzsee
Chaflur
Schlamischot
.1416
Stille Bach
Strada
Grünsee
Groß-
mutzkopf
Pra Vegl
Fuhrmanns-
loch
San Nicla
Foppa-
Sura
.1780
Dreiländerecke
.2180
Pramaran
Piz Lad
2808
Zollamt
Raschvella
.1450
Reschenpass
Grüne Pleisen
2584
Sur Sassalm
7
Piz Nair
.2745
Piz Ajüz
.2755
B 40
Etschquelle
Chavradüra
Grubenjoch
.2645
Reschen
Falmiurbach
Jochbodenkopf
.2800
8
N
Madats
Äußere Scharte

ße bis zum österreichischen Grenzübergang ~ danach rechts über die Brücke Richtung Nauders ~ von der Straße nach Nauders zweigen Sie rechts ab auf den Radweg (Schild: „Zum Radwanderweg" vorhanden) ~ diesem folgen Sie in einem Rechtsbogen unter der Brücke hindurch ~ Sie radeln weiter neben dem Inn ~ auf diesem Weg erreichen Sie den Ortsteil **Dorf** von **Pfunds.**

Pfunds

PLZ: A-6542; Vorwahl: 05474

Tourismusverband, ✆ 5229

Heimatmuseum, Haus aus dem 15. Jh.

Pfarrkirche, 1820 errichteter 65 m hoher Zwiebelturm, gotischer Taufstein aus 1280.

Jagdschloss von Kaiser Maximilian, „Turm" an der Innbrücke, angeblicher Grundbau von Herzog Welf aus dem 16. Jh., 1496 ließ Maximilian I. ihn als Jagdschloss ausbauen.

Der Name Pfunds kommt vom lateinischen „fundus" = Grundstück, die älteste urkundliche Erwähnung „judicium Pfondes" war verbunden mit dem bis 1810 zugeteilten Gericht. Das alte Richterhaus ist heute noch erhalten.

Tösens

Von Pfunds nach Prutz 17,5 km

Bei der Weggabelung nehmen Sie den rechten Weg ~ immer geradeaus bis zum Stopp-Schild und weiter geradeaus ~ beim Kreisverkehr rechts und dann die erste Abzweigung links, welche uns auf einen innnahen Radweg führt (es sind keine Schilder vorhanden!). Nach **Mariastein** fahren Sie nach links über die Innbrücke und über die Hauptstraße ~ dann rechts Richtung Schönegg ~ und nun auf der linken Seite der Hauptstraße weiter ~ Sie durchfahren den Ort **Stein** ~ bei der Weggabelung nehmen Sie den rechten Weg und erreichen so **Schönegg** ~ durch die Ortschaft radeln und auch durch **Tschupbach** ~ dort überqueren Sie den Inn ~ zwischen Fluss und Hauptstraße weiter bis nach **Tösens**.

Ried

Tösens

PLZ: A-6541; Vorwahl: 05477

St.-Georg-Kapelle (15. Jh.). Weist romanische sowie gotische Bauelemente auf, sehenswert das Christophoro-Fresko von 1500 sowie die Fresken von Max Maller aus dem 15. Jh.

Pfarrkirche zum Hl. Laurentius (1708-1711). Am Hochaltar befinden sich vier Statuen von Andreas Kölle (1760).

Tösens wurde 1315 erstmals urkundlich als „tesens" erwähnt. Es besaß ehemals eine der höchsten Bergbaustätten der Alpen in 2.815 m Höhe.

Sie fahren weiter durch den Ort und bei der ersten Möglichkeit unter der Hauptstraße hindurch ~ Sie befinden sich jetzt auf der rechten Seite der Hauptstraße ~ weiter gehts bergauf in die nächste Ortschaft **St. Christina** ~ danach führt die Straße bergab bis nach Ried.

Ried

PLZ: A-6531; Vorwahl: 05472

Schloss Siegmundsried, diente im 13. und 14. Jh. als

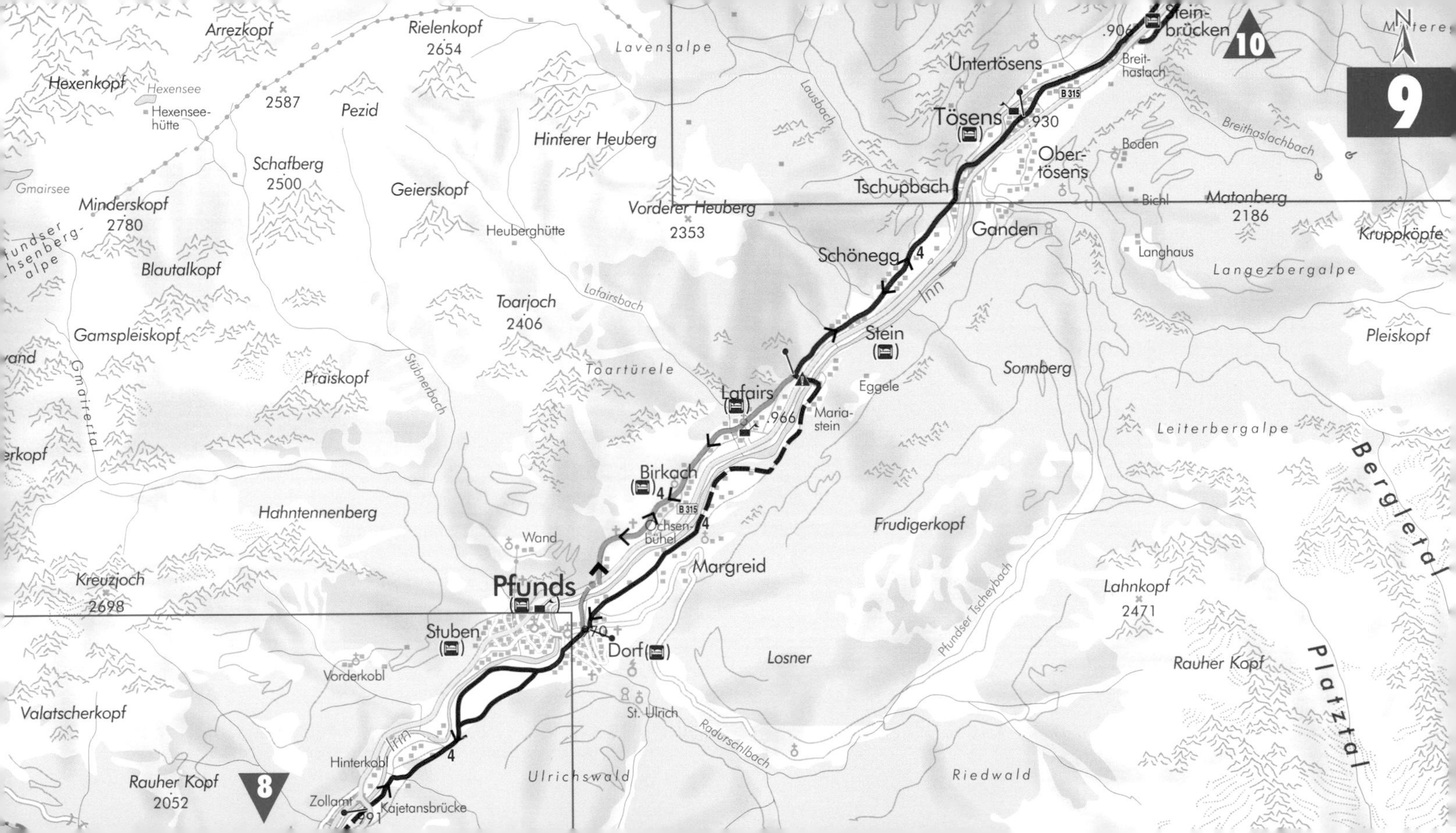

9
10
8
Arrezkopf
Rielenkopf
2654
Lavensalpe
Stein-
brücken
Untertösens
Breit-
haslach
Hexenkopf
Hexensee
Hexensee-
hütte
2587
Pezid
B 315
Tösens
930
Hinterer Heuberg
Lausbach
Breithaslachbach
Boden
Ober-
tösens
Schafberg
2500
Gmairsee
Geierskopf
Tschupbach
Minderskopf
2780
Vorderer Heuberg
2353
Bichl
Matonberg
2186
Heuberghütte
Ganden
Kruppköpfe
Schönegg
Langhaus
Blautalkopf
Langezbergalpe
Lafairsbach
Inn
Toarjoch
2406
Stein
Gamspleiskopf
Pleiskopf
Gmairertal
Stübnerbach
Toartürele
Sonnberg
Praiskopf
Eggele
Lafairs
966
Maria-
stein
Leiterbergalpe
Bergletal
Birkach
B 315
Hahntennenberg
Ochsen-
bühel
Frudigerkopf
Wand
Margreid
Kreuzjoch
2698
Pfunds
Lahnkopf
2471
Stuben
970
Dorf
Losner
Pfundser Tscheybach
Rauher Kopf
Platztal
Vorderkobl
Valatscherkopf
St. Ulrich
Radurschlbach
Inn
Hinterkobl
Ulrichswald
Riedwald
Rauher Kopf
2052
Zollamt
Kajetansbrücke
991

Wohnsitz des Adels, wurde im 15. Jh. zum Jagdschloss vergrößert, 1727-1978 war es Gerichtssitz.

Pfarrkirche St. Leonhard, erbaut im Jahre 1320, erweitert 1715, Orgel aus 1733 von Johannes Kronthaler aus Kaufbeuren.

Ried wurde 1120 erstmals urkundlich als „Riot" erwähnt. 1427 kam es in den Besitz der Tiroler Landesherren.

Prutz

In Ried bleiben Sie einstweilen auf der Durchfahrtsstraße ~ dann biegen Sie ziemlich am Ortsende links Richtung **Badesee** ab ~ noch einmal links und gleich wieder rechts immer in Richtung Badesee und den Schildern folgend ~ so fahren Sie am Sportplatz und am Badesee vorbei ~ bei der Schule rechts zur Hauptstraße ~ auf dieser links Richtung **Prutz.**

Prutz

PLZ: A-6522; Vorwahl: 05472

Pfarrkirche, romanisch, mit barockisierter herrlicher Rokokokanzel.

Johannes und Philomena Kapelle, zusammengebaute gotische und barocke Kapellen auf dem Friedhof.

Prutz ist eine alte Siedlung und war ein bedeutender Umschlags- und Handwerksort.

Von den alten Bauten gibt es noch den „oberen und unteren Turm". Am „Oberen Tura" fand man in sieben Meter Tiefe alte Torbögen und Fensteröffnungen.

Von Prutz nach Landeck — 14 km

In Prutz bleiben Sie zunächst auf der Durchfahrtsstraße ~ bei der ersten Abzweigung links ~ bei der nächsten wieder links ~ und dann über die Hauptstraße und über den Inn. In **Entenbruck** fahren Sie rechts weiter ~ leicht bergab bis zum Inn ~ nun radeln Sie am Inn entlang bis zur nächsten Innbrücke ~ dort überqueren Sie abermals den Inn und erreichen die Hauptstraße ~ auf dieser fahren Sie links weiter. Sie fahren dann links unterhalb der Straße auf dem Radweg entlang ~ für ein kurzes Stück müssen Sie dann bis **Urgen** auf die Bundesstraße und in den Verkehr wechseln, bevor Sie in Urgen eintreffen.

Urgen

Bei Urgen fahren Sie bei der ersten Möglichkeit links über den Inn ~ dann rechts auf einer ziemlich stark ansteigenden Asphaltstraße ~ nach den letzten Häusern ist der Weg unbefestigt ~ Sie radeln weiter bis **Landeck** ~ in Landeck kommen Sie auf dem Radweg neben dem Inn im Stadtteil **Perfuchs** an ~ weiter geht es über die nächste Innbrücke nach rechts auf die Hauptstraße ~ auf dieser fahren Sie durch die Stadt bis zum Kreisverkehr ~ dort rechts Richtung Innsbruck ~ dann über die Hauptstraße und über den Inn nach **Perjen**.

Landeck

PLZ: A-6500; Vorwahl: 05442

Tourismusverband Landeck und Umgebung, Malser Str. 10, ✆ 62344

Schlossmuseum Landeck, ✆ 63202, ÖZ: 25. Mai-1. Okt., 10-17 Uhr, 2.-26. Okt., 14-17 Uhr. Heimatkundliches

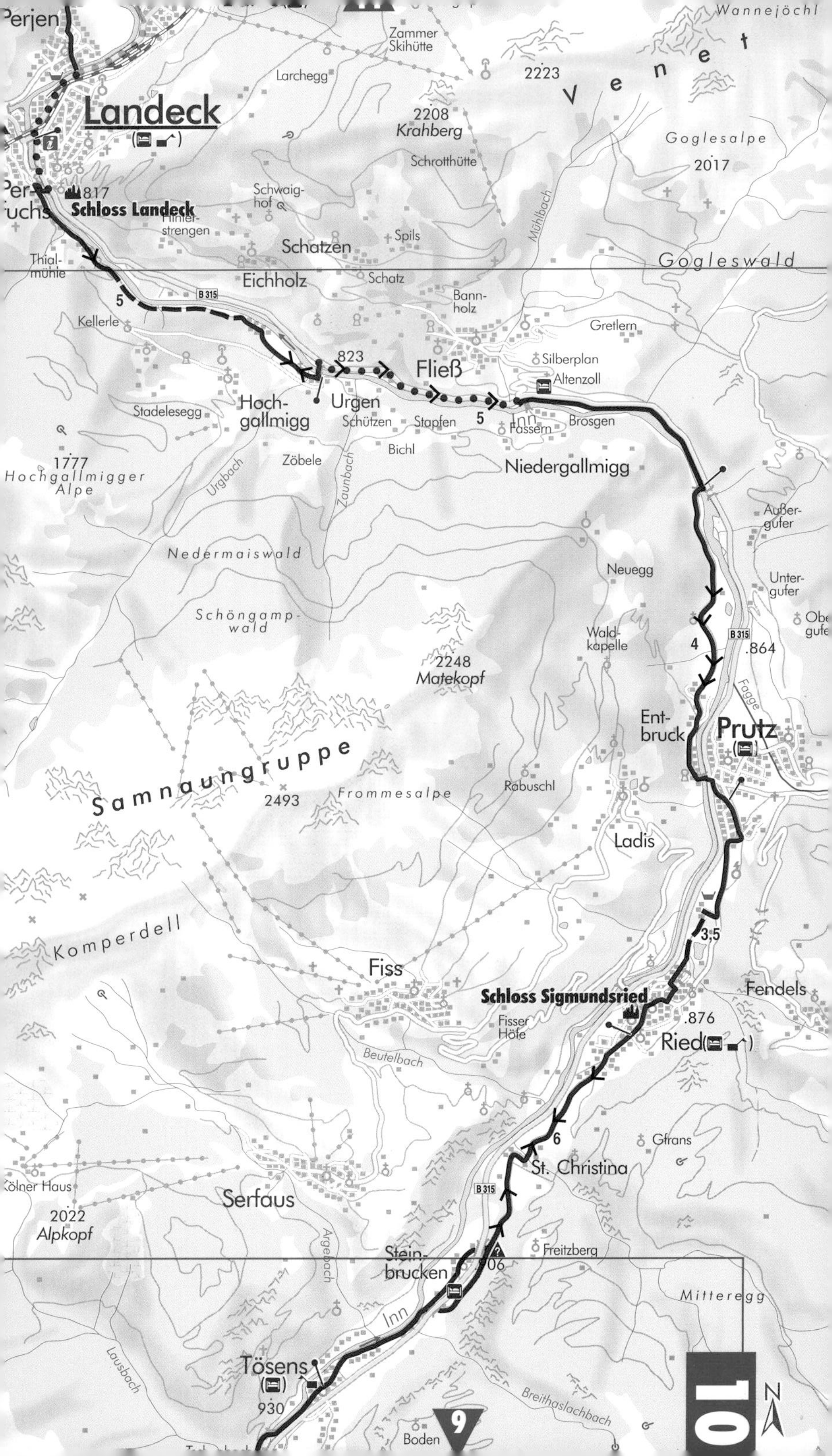

Landeck
Schloss Landeck
817
Perjen
Zammer Skihütte
Larchegg
2223
Venet
2208 Krahberg
Schrotthütte
Goglesalpe
2017
Schwaighof
Hinterstrengen
Spils
Schatzen
Gogleswald
Thialmühle
Eichholz
Schatz
Mühlbach
B 315
Kellerle
Bannholz
Gretlern
823
Fließ
Silberplan
Altenzoll
Stadelesegg
Hochgallmigg
Urgen
Schützen
Stapfen
Fassern
Brosgen
Inn
1777
Hochgallmigger Alpe
Urgbach
Zaunbach
Zöbele
Bichl
Niedergallmigg
Außergufer
Untergufer
Nedermaiswald
Neuegg
Schöngampwald
Waldkapelle
.864
2248 Matekopf
Fogge
Entbruck
Prutz
Samnaungruppe
2493
Frommesalpe
Rabuschl
Ladis
Komperdell
3,5
Fiss
Schloss Sigmundsried
Fendels
Fisser Höfe
.876
Ried
Beutelbach
6
Gfrans
St. Christina
Kölner Haus
2022 Alpkopf
Serfaus
Argebach
Steinbrucken
906
Freitzberg
Mitteregg
Inn
Lausbach
Tösens
930
Breithaslachbach
Boden
9
10
N

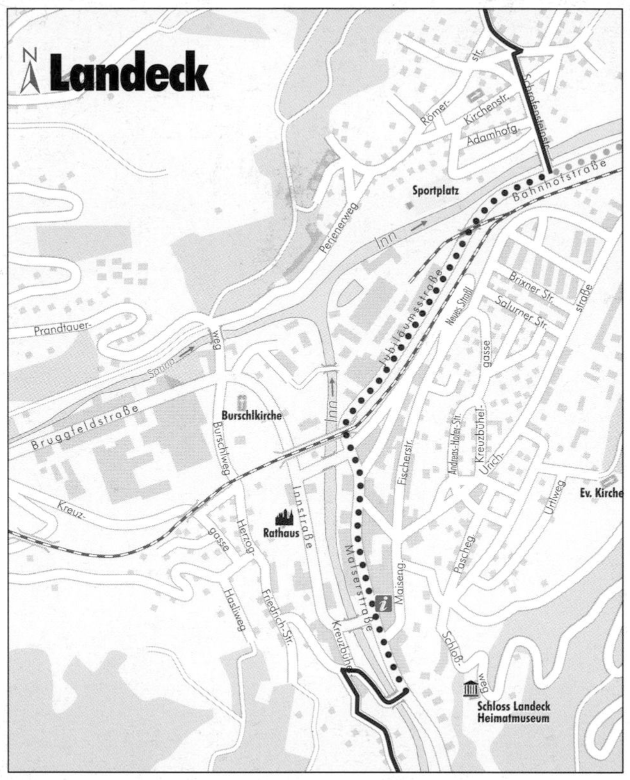

Bezirksmuseum mit den Schwerpunkten bäuerliche Wohnkultur und Gerätschaft für Feld und Acker sowie für die Alm- und Milchwirtschaft. Prunkstücke sind die drei Leopoldsbecher von 1703, welche die Geschichte des Schützenwesens dokumentieren.

Schloss Landeck (13. Jh.), Schlossweg. Die Burg mit dem gewaltigen Bergfried war Sitz der landesfürstlichen Pfleger, um 1530 entstand unter Kaiser Maximilian I. das spätgotische Hallengewölbe über dem Hof und das Renaissance-Tor. Im 18. Jh. ist die Anlage niedergebrannt und wurde nicht wieder in alter Form aufgebaut. Bis 1840 Gerichtssitz und seit 1949 Restaurierungsarbeiten.

Stadtpfarrkirche, Schlossweg. Der spätgotische, dreischiffige Bau der Liebfrauenkirche entstand 1471-1521, Treppengiebel und Helm um 1861. Die heute neben Seefeld und Schwaz bedeutendste gotische Kirche in Nordtirol war eine Stiftung des Ritters Oswald von Schrofenstein, an ihn erinnern Grabstein und Gruftplatte.

Gerberbrücke, am Inn unterhalb vom Schloss. Einst Schauplatz der Tiroler Freiheitskämpfe 1703, Gedenktafel für Dominikus Tasch.

Burschlkirche, Bruggfeldstraße, Besichtigung nur im Rahmen der Stadtführung. Die ehemalige Pestkirche wurde um 1650 aufgrund eines Gelöbnisses erbaut und verfügt über eine Holzkassettendecke im Stil der Renaissance sowie drei bemerkenswerte Altäre. Eingang, Fenster und Chorraum sind gotisch.

Pfarrkirche Stanz, 1,5 km nordwestlich. Die heutige Kirche in der ältesten Pfarrei des Landes wurde 1460-70 von der Grinner Bauhütte errichtet. 1229 verlegt der Pfarrer seinen Sitz nach Zams.

Ruine Schrofenstein, 2 km nördlich. Bereits 1196 erwähnt, war ehemaliges Lehen des Bistums Chur, das Geschlecht der Schrofensteiner erlosch 1546. Heutige Anlage mit herrlichem Ausblick in Privatbesitz.

Landeck liegt im Oberen Inntal, wo die Straßen vom Arlberg und vom Reschenpass zusammentreffen, in einer sonnigen, nebelfreien Talmulde umgeben von einer malerischen Berglandschaft. Von der erhöht über der Stadt liegenden Burg konnte der Zugang zu beiden Pässen überwacht werden.

Die günstige Verkehrslage macht Landeck zur „Ausflugsschaukel Tirols". Der Inn nimmt hier vom Süden kommend die Sanna auf und zeigt noch sein wildes ungezähmtes Gesicht.

Von Landeck nach Innsbruck 78 km

Die zweite Etappe des Inn-Radweges begleitet den hier noch rauschenden Gebirgsfluss im Tiroler Oberinntal, nördlich der Stubaier Alpen. Umgeben von Zweitausendern bahnt sich der junge, von der „Gletschermilch“ hellgrüne Inn seinen Weg in Richtung Innsbruck. Unterwegs lässt sich der Kontrast zwischen alter bäuerlicher Landwirtschaft und moderner Hauptverkehrsader hautnah erleben. Von stillen Dörfern auf der Alm über aufstrebende Tourismusorte bis hin zu traditionsreichen Pilgerstätten reicht das Spektrum. Herausragende Stationen der Reise sind Imst, Stift Stams oder das einzige Weindorf Tirols, Zirl, bevor die faszinierende Alpenstadt Innsbruck erreicht wird.

Das enge Oberinntal lässt für den Inn-Radweg praktisch nur eine Routenführung übrig, die durchgehend ausgeschildert ist. Für einige Kilometer muss die Route sogar auf höhergelegene Straßen ausweichen, und auch sonst ist noch manches provisorisch angelegt. Kurzum, das schöne Oberinntal ist für jene, die gerne steigungsfrei und mit schmalen Reifen unterwegs sind, derzeit nur eingeschränkt zu empfehlen.

Tipp: Wenn Sie die Radtour in Landeck Bahnhof beginnen, gibt es die Möglichkeit kurz auf der Hauptstraße Richtung Zams zu fahren. Bei der ersten Möglichkeit biegen Sie nach links ein, zum Inn hinunter. Diesem Weg folgen Sie, bis Sie Zams erreichen, dort fahren Sie geradeaus über die Hauptstraße und kommen wieder auf den offiziellen Radweg.

Schloss Landeck

Der Radweg setzt in **Perjen** fort und ist zuverlässig beschildert.

Tipp: Nach starken Gewittern empfiehlt es sich, auf der Bundesstraße direkt nach Zams zu fahren, da der folgende Uferweg überflutet werden kann.

In **Perjen** knickt die Straße dann nach rechts ab und wird **Lötzweg** genannt ~ dicht unterm Berghang verlassen Sie den Ort und wechseln bei einer Sprenglerei auf den gekiesten Uferweg, der entlang steiler Felswände nach Zams führt ~ der Inn zeigt sich noch als rauschender Hochgebirgsfluss.

Nach ein paar hundert Metern taucht die Autobahn auf und begleitet Sie bis Lötz ~ im Ortsbereich von **Lötz** radeln Sie wieder auf Asphalt und erreichen beim Gasthaus Sonne die nächste Innbrücke, die der Radweg unterquert ~ erst auf dem darauffolgenden Steg überqueren Sie den Fluss und befinden sich somit in Zams.

Zams

PLZ: A-6511; Vorwahl: 05442

Tourismusverband, Hauptpl. 6, ✆ 63395

Wasserfall mit Lötzmühle, Ortsteil Lötz. Gehörte bereits 1475 den Kirchenherren von Zams, seit 1720 in Privatbesitz.

Ruine Kronburg, 4 km nordöstlich. 1380 gab Herzog Leopold dem Geschlecht der Starkenberger die Erlaubnis, die Burg, damals „Cirkaffe" (keltisch) genannt, wiederaufzubauen. Seit 1766 war die markante Anlage dem Verfall preisgegeben, gegenwärtig renoviert.

Kloster Kronburg, unterhalb der Ruine in einem Seitental. Heute ist hier auch ein Wallfahrtskirchlein zu finden. Wallfahrtsort, es gibt dort einen Gasthof, der von Nonnen bewirtschaftet wird.

✱ **Venetseilbahn**, Station nahe Hallenbad, Juni-Mitte Okt., 8.30-11.30 Uhr halbstündlich, 12.10 Uhr, 13-17 Uhr halbstündlich. Mit der 3,5 km langen Seilbahn auf den 2.208 m hohen Krahberg, einen der schönsten Aussichtspunkte Westtirols.

In Zams fahren Sie bis zur ersten Querstraße vor und biegen dort links ab ~ außerhalb des Ortes rücken die Berge wieder enger zusammen und das Tal nimmt ländlich-romantische Züge an ~ bei Schwaighof gibt es einen Radweg ~ Sie halten sich dann rechts, unter der Bahn hindurch, und fahren auf dem Radweg entlang ~ Sie kommen dann wieder zur Bahn, queren diese und fahren nun links der Bahngleise entlang nach Schönwies ~ ab

Oberinntal bei Zams

11
12
10
Imsterau
Unterer Eisenkopf
Grubigloch
.2400
.2585
Vileidkopf
.2495
Heisenegg
.2670
.2020
Vileidbach
.1665
.1465
Sonnenpleiskopf
Starkenbach
Starkenbach
Köpfwald
Fallender Bach
Grieshaus
3,5
Mils
Endsfeld
Arzler Wald
.880
Unterkogl
Steinkopf
.1670
Obertalbach
Oberkogl
Vorderhöfle
Kögelbach
Inn
2,5
Saurs
Vorderspadegg
Eggwiese
Nederwiese
Schönwies
Obsaurs
Hinterspadegg
Risselbach
.1400
Timmls
Ried
Pitze
1,5
.1630
.1755
Steinhof
Silbersattel
.2115
.2005
Garseilkopf
Steinwiesen
.1550
Hochasten
Neudegg
Blons
Silberspitze
Inn
Falterschein
.1480
.1885
.1280
Langenau
Brennwald
.1220
Ameishaufen
.1070
.1685
3,5
3,5
Kronburg
Kronburgerbach
Steinrinnerbach
.1995
Gamsstein
Audershof
Lochbach
Hundsfalle
Gamelalpe
Wenns
Meranzbach
.1540
.1700
.2225
Imsterbergjoch
Schwaighof
Gamelkopf
St. Margareten
.2045
.1120
.2380
.1590
Gischelwies
Lötz
Rifenal
.990
Larcher Alpe
7
Schrofenstein
3,5
Zammerberger Wald
.1430
Larchach
Greith
Zams
Langes-
bergalpe
2495
Wannejöchl
.1280
Mühlbach
Perjen
Zammer
Skihütte
.1960
Spielberg
Grillerbach
Langegerte
Larchegg
2225
V e n e t
Matzlewald
.1355
Baustadl
Landeck
2210
Krahberg
.1030
Goglesalpe
Schrotthütte
Taschen
Moosanger
Schloss Landeck
2015
Wieselbach
.1500
Per-
.815
Schwaig-
hof
Piller

Schönwies ist die Route asphaltiert und ausgeschildert, damit endet vorerst diese beschauliche Strecke ~ an der Bundesstraße folgt die Route der Nebenfahrbahn nach links, um nach Überquerung des Inns auf einem stellenweise groben Kiesweg am Ufer entlang zu führen.

Tipp: Es gibt auch noch zwei andere Möglichkeiten:

Entweder Sie fahren durch Schönwies, danach erreichen Sie Saurs. Sie radeln durch bis zur Vorfahrtsstraße, dort halten Sie sich links Richtung Mils; bei Mils treffen Sie wieder auf die offizielle Route.

Der Innradweg mit Kronburg im Hintergrund

Oder aber, wenn Sie die einfachere Lösung bevorzugen, legen Sie die 3 Kilometer von Schönwies bis Mils rechts auf dem Begleitradweg zurück.

Auf der offiziellen Route also über den Inn und unter einer Querstraße durch ~ danach geht es rechts durch eine zweite Unterführung und unter der Autobahn hindurch, bevor Sie das linke Flussufer erreichen ~ 2 Kilometer radeln Sie zwischen Autobahn und Fluss und gelangen über ein Tor zu einer Querstraße ~ hier geht es nach rechts in die Ortschaft Mils.

Mils

In Mils überqueren Sie einen Bach und halten sich an der ersten Kreuzung geradeaus ~ erst nach dem Restaurant biegen Sie rechts ab und gleich danach wieder nach links ~ danach geradeaus über die Bundesstraße und auf einem Güterweg hinaus in die Landschaft des Oberinntals ~ für 4 Kilometer folgt jetzt eine schnurgerade Strecke, vor der Autolawine durch einen Grünstreifen geschützt ~ linker Hand öffnet sich allmählich ein Seitental, in dem das für seine Fasnacht berühmte Städtchen Imst liegt ~ vor der Mündungsstelle des **Pigerbach** in den Inn bietet sich dann die Gelegenheit, einen kurzen Abstecher dorthin zu starten ~ die Ortseinfahrt ist allerdings nicht durchgehend ausgeschildert und erfolgt über einen Anstieg.

Abstecher nach Imst

Sie folgen dem Pigerbach und entfernen sich vom Inn ~ bei der Kirche von **Brennbichl** geradeaus weiter in die Fabrikstraße, die weiter dem Bachlauf folgt ~ die Gewerbezone sorgt zeitweise für unangenehmen Lkw-Verkehr ~ danach zweigt eine Radroute zum Gurgltal rechts ab, Sie hingegen folgen dem lokalen Schild zum Zentrum weiter ~ über einen Anstieg und bei der Vorfahrtsstraße nach links ~ die Umgehungsstraße wird unterquert, danach stärkere Steigung genannt **„Am Rofen"** ~ vorbei an einer Sackgasse und in die **Floriangasse** rechts zum Stadtzentrum ~ beim Markt am Lain biegen Sie dann rechts in die **Kramergasse** ein, die tagsüber stark verkehrsbelastet sein kann ~ am Ende der Straße gelangen Sie zur **Johanneskirche**, an ihrer linken Flanke erreicht die Rosengarten-Schlucht Imst.

Da die Floriangasse eine Einbahnstraße ist, fahren Sie auf der Rückfahrt zur Hauptroute eine Straße weiter und kommen über die Kombination **Schustergasse-Postgasse-Stadtplatz** wieder zu „Am Rofen“.

Rosengarten-Schlucht bei Imst

Imst

PLZ: A-6460; Vorwahl: 05412

Tourismusverband Imst Umgebung, Johannespl. 4, ✆ 69100

Heimatmuseum, Ballg. 1, ✆ 64297, ÖZ: Juli-Okt., Mo-Fr 10-12 Uhr, Fr 17-19 Uhr u. n. V. Hier bekommen Sie Einblick in die Zeit des Bergbaus und der Imster Textilindustrie, außerdem gibt es sakrale Kunstgegenstände, Weihnachtskrippen und Informationen zum Handel mit Kanarienvögel.

Tarrenzer Heimatmuseum, ✆ 66008. ÖZ: (bei Ausstellungen) Fr 18-20 Uhr, So 10-12 Uhr u. n. V. In einem alten Bauernhaus untergebracht, werden hier Gegenstände aus dem 17. u. 18. Jh. gezeigt. Originalräume, wie Küche, Kammer und Stube sind erhalten. Außerdem ist im Gebäude eine Galerie untergebracht.

Fastnachtsmuseum, ✆ 63641. ÖZ: Auf Anfrage. Hier werden Sie umfassend über das Imster Schemenlaufen und die Buabefasnacht informiert.

Imster Bauernmuseum, Meranerstr. 6, ✆ 66346, ÖZ: Sept.-Juni n. V. Bäuerliche Gerätesammlung der Landwirtschaftlichen Lehranstalt Imst mit Schwerpunkt auf traditionelle Arbeitsgeräte der Bergbauern in extremen Gebirgsregionen.

Pfarrkirche Maria Himmelfahrt, Oberstadt. Der um 1350 errichtete Bau zeigt vom Äußeren her Züge der Gotik mit Treppengiebel und Fensterrose, ein mächtiger Christophorus von 1495 ist noch von den äußeren Wandfresken erhalten. Der mit 84,5 Metern höchste Kirchturm Tirols wurde um 1900 in seiner ursprünglichen Form wiederhergestellt. Der Innenraum der Kirche ist heute größtenteils neugotisch ausgestattet.

St.-Michaels-Kapelle, im Friedhof. Die spätgotische, doppelstöckige Kapelle stammt von 1490, die Oberkirche besitzt runde Maßwerkfenster, ein schönes Portal und ein Rippennetz. In der Altarnische noch ein guterhaltenes Wandfresko zu sehen.

Laurentiuskirche, am Kalvarienberg. Die ursprünglich romanische Kirche wurde im 18. Jh. umgebaut. Um 1960 fand man unter der Kirche eine kristalline Platte mit Christogramm aus dem 5. Jh. sowie schöne Fresken aus dem 14. Jh.

Stationskapellen, zwischen Heilig-Grab-Kapelle und Pestkapelle. Die 7 Stationskapellen (17. Jh.) führen über die Laurentiuskirche zur Pestkapelle, einem in Tirol einmaligen Bau aus Stein und Holz mit gemauertem Altarraum.

Rosengartenschlucht, Eingangsbereich bei Johanneskirche. Auf einer Länge von 1,5 km gräbt sich der Schinderbach von der Blauen Grotte (einem handgeschlagenen Stollensystem aus dem 15. Jh., wo nach silberhältigem Bleiglanz gesucht wurde) bis zur Johanneskirche eindrucksvoll durch die Felsrücken der Imster Mittelgebirgsterrassen. Neben geologischen Besonderheiten wie dem Klettergarten oder den Kolken im Bachlauf auch zahlreiche seltene Pflanzen- und Tierarten.

*Die Stadt **Imst** an der Einmündung des Gurgltales in das Oberinntal wird wegen seines milden Kleinklimas auch als das Meran Nordtirols bezeichnet.*

*Die rege Handelstätigkeit und die Blüte des Bergbaus brachten im 15. und 16. Jahrhundert wirtschaftlichen Aufschwung. Darauf folgte eine Krise, der Anschluss an die 1881-84 erbaute Arlbergbahn erfolgte ziemlich spät. Erst der moderne Tourismus brachte wieder Belebung. Berühmt geworden ist die **Imster Fasnacht**, insbesondere das Schemenlaufen, der Höhepunkt des fastnächtlichen Brauchtums.*

Alm bei Karres

*In Imst wurde das erste **SOS-Kinderdorf** der Welt errichtet und in den vergangenen Jahren 18 historische Brunnen renoviert.*

Die Hauptroute überquert bei Imst den Pigerbach und folgt weiter dem Innufer ~ nach einer kurzen holprigen Strecke rollen Sie unter der Innbrücke durch und verlassen danach den Fluss nach links in Richtung Telfs ~ nun steht Ihnen bis zur Einmündung des Ötztales eine etwas mühsame aber auch attraktive Strecke bevor ~ die Inn-Route muss nämlich mangels anderer Möglichkeiten für einige Kilometer auf den höheren Talrand ausweichen ~ Sie umfahren die aus Natursteinen errichtete Königskapelle und fahren oder schieben kurz steil bergauf ~ nach einer Straßenunterführung über eine Nebenstraße und danach dem Schild „Zum Radwanderweg" folgend, rechts entlang auf einem Schotterweg ~ durch einen Wald geht es steil aufs Plateau hinauf ~ der Ausblick aufs Inntal wird dabei immer beeindruckender ~ Sie treffen auf eine Asphaltstraße, die Sie gleich wieder auf einen schmaleren Weg nach rechts verlassen ~ vorn reiht sich der spitze Kirchturm von Karres in die Kette der Bergkuppeln ein, es geht bergauf.

Karres

Auf einem Gefälle treffen Sie in Karres ein und durchqueren in einer S-Kurve das Dorf ~ nach der Kirche halten Sie sich links und rollen am **Gasthof Traube** vorbei ~ nach Ortsende folgen Sie der ruhigen Nebenstraße am Waldrand ~ der Weg taucht in einen Kieferwald ein und eine angenehme Talfahrt beginnt ~ nach den Häusern von **Trankhütte** geht es nach links in Richtung Telfs auf einen abschüssigen Schotterweg. ⚠ **Vorsicht beim Schnellfahren!** Nach der Kurve ist der Weg asphaltiert und mündet unten in eine größere Straße ~ hier halten Sie sich links und fahren an der rechten Flanke der wieder erschienenen Autobahn auf einer breiten und meist ruhigen Werksstraße ~ Sie passieren das Gelände eines Zementwerks und suchen die talabgewandte Seite der Autobahn auf ~ eine kurze unbefestigte Strecke folgt ~ die Straße wechselt noch ein paar Mal die Autobahnseite, bis Sie nach einer rasanten Talfahrt die Innbrücke in Haiming erreichen ~ um zum lieblichen Dorfplatz oder zum Biergarten zu gelangen, müssen Sie den Inn überqueren.

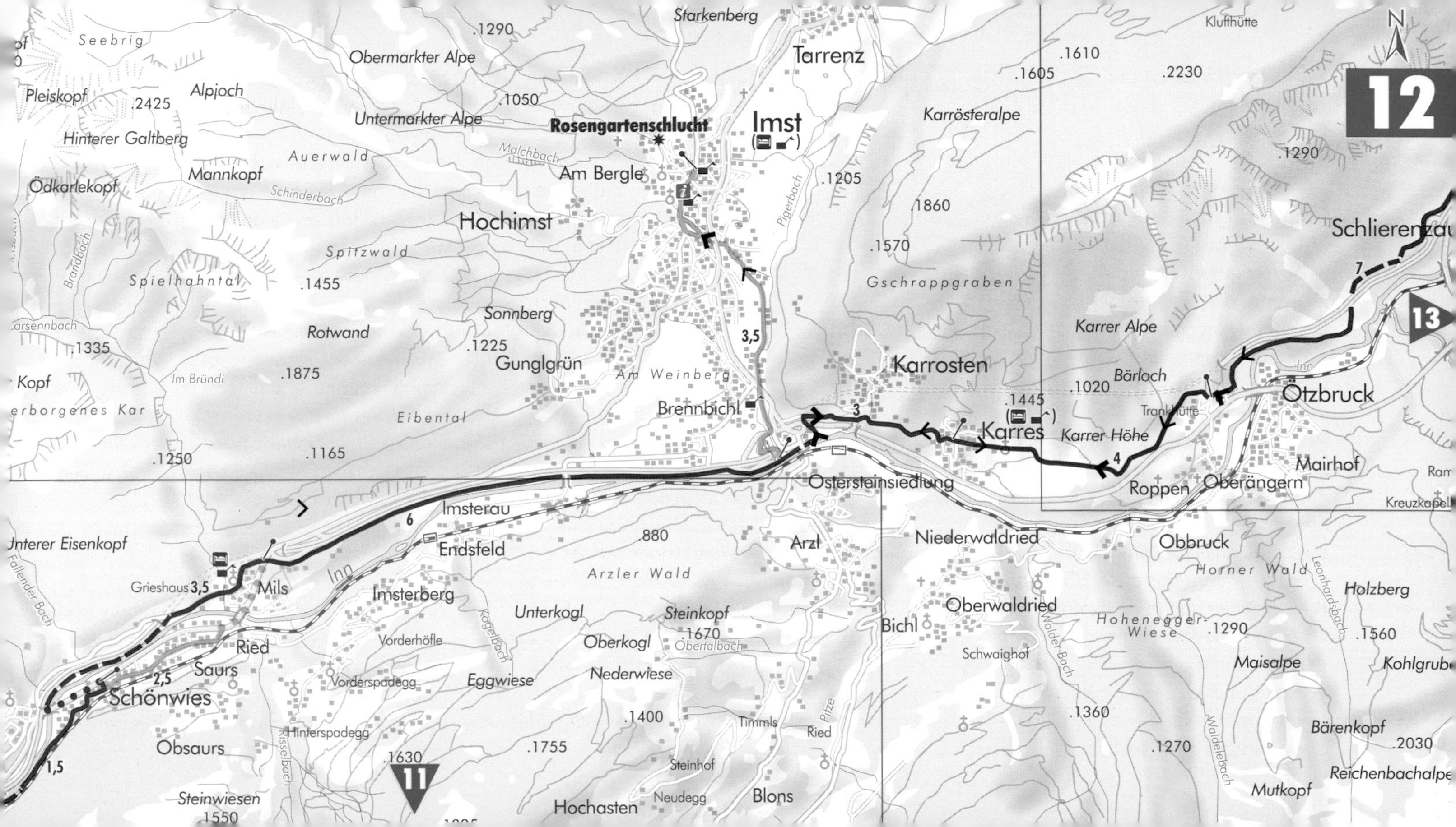

12
13
11
Starkenberg
Tarrenz
Imst
Rosengartenschlucht
Obermarkter Alpe
Untermarkter Alpe
Seebrig
Pleiskopf
Alpjoch
Hinterer Galtberg
Mannkopf
Ödkarlekopf
Auerwald
Malchbach
Schinderbach
Am Bergle
Hochimst
Spitzwald
Spielhahntal
Brandbach
Sonnberg
Rotwand
Gunglgrün
Im Bründi
Am Weinberg
Brennbichl
Eibental
Pigerbach
Karrösteralpe
Gschrappgraben
Karrer Alpe
Karrosten
Bärloch
Karres
Karrer Höhe
Trankhütte
Ötzbruck
Schlierenzau
Kluſthütte
Mairhof
Roppen
Oberängern
Ostersteinsiedlung
Imsterau
Endsfeld
Arzl
Niederwaldried
Obbruck
Horner Wald
Leonhardsbach
Holzberg
Unterer Eisenkopf
Fallender Bach
Grieshaus
Mils
Inn
Imsterberg
Arzler Wald
Unterkogl
Steinkopf
Oberkogl
Obertalbach
Bichl
Oberwaldried
Hohenegger-Wiese
Maisalpe
Kohlgrube
Ried
Saurs
Schönwies
Vorderhöfle
Vorderspadegg
Kögelbach
Eggwiese
Nederwiese
Schwaighof
Walder Bach
Waldelebach
Obsaurs
Hinterspadegg
Kisselbach
Timmls
Pitze
Steinhof
Neudegg
Blons
Hochasten
Steinwiesen
Bärenkopf
Reichenbachalpe
Mutkopf
Kreuzkapell

Haiming

PLZ: A-6425; Vorwahl: 05266

Tourismusverband, Siedlungsstr. 2, 88307

Pfarrkirche zu den Hl. Chrysanth und Daria (14. Jh.). Die Kirche wurde im Jahr 1511 vergrößert.Im Turm trotz barocker Renovierungen noch gotische Fenster und Maßwerk erhalten. Sehenswert das Fresko aus dem 15. Jh. an der Nordwand der Kirche, der Taufstein und die 4 Wappenscheiben aus dem 16. Jh.

Schloss St. Petersberg, 2 km östlich,die Burg wurde bereits 1166 erwähnt, ab 1253 war sie im Besitz der Grafen von Tirol. Die Hofgebäude, die Kapelle und die Ruine des Bergfrieds stammen aus romanischer Zeit.

Stiftskirche von Stams

Die Radroute bleibt links vom Fluss und führt auf dem ebenen Talboden dahin ~ Obstgärten verbreiten eine angenehme Atmosphäre ~ vorbei an der Siedlung Magerbach, die im Schatten hoher Felswände liegt ~ wo die Straße nach 3,5 Kilometern nach **Silz** abknickt, zweigen Sie links in den **Locherbodenweg** ab ~ der Weg überquert die Autobahn und folgt dann ihrem Verlauf ~ die Hänge weichen etwas zurück und das Tal wird weiter ~ an der Kreuzung vor dem Inselberg Bürgele mit der malerisch gelegenen Kapelle biegt die Route rechts ab ~ über der Ortschaft Mötz ist die berühmtere **Kapelle Maria Locherboden** zu sehen ~ den Horizont zu dieser religiösen Landschaft bildet die Kette des Mieminger Gebirges ~ das „heilige Land Tirol" wird hier plötzlich greifbar ~ wieder am Inn und vorbei am Sportplatz erreichen Sie das Dorf **Mötz**.

Dort passieren Sie die Innbrücke und halten sich am rechten Flussufer gleich links ~ danach geht es unter der Autobahn hindurch und vor der Bahn nach links ~ einen Kilometer lang folgt der Weg den Gleisen, um dann bis Stams mitten durch die Felder zu führen ~ die Türme der Klosterkirche ziehen den Blick bereits auf sich ~ die Route passiert die nächste Bahnunterführung und erreicht die Bundesstraße ~ hier geht die Hauptroute auf dem Begleitradweg nach links weiter ~ vor der Weiterfahrt aber gönnen Sie sich den Besuch des berühmten und sehenswerten Stifts ~ die Klosterzufahrt erreichen Sie, indem Sie der Straße kurz nach rechts folgen.

Stams

PLZ: A-6422; Vorwahl: 05263

Tourismusverband, Bahnhofstr. 1, 6748

Museum Stift Stams (1273), 624253 od. 624250. ÖZ: Di-So 10-11.30 Uhr und 13.30-17 Uhr. Der Tiroler Landesfürst Meinhard II gründete dieses Stift gemeinsam mit seiner Gemahlin Elisabeth von Bayern. Im Museum gibt es immer wieder Sonderausstellungen.

Zisterzienserstift, die Begräbnisstätte der Landesfürsten von Tirol (Fürstengruft) geht auf eine Stiftung von 1273 zurück, die Gründermönche kamen aus Schwaben. Der mittelalterliche Bau wurde im Barock entscheidend verändert. Weithin sichtbar ist die barocke Hauptfassade mit Abtei, Fürstentrakt und Kirchenfront. Zur vornehmen Wohnstätte der Äbte gehörten der prunkvolle Bernardisaal und das Treppenhaus mit einem Deckenfresko, umgeben von einem prächtigen Stuckrahmen.

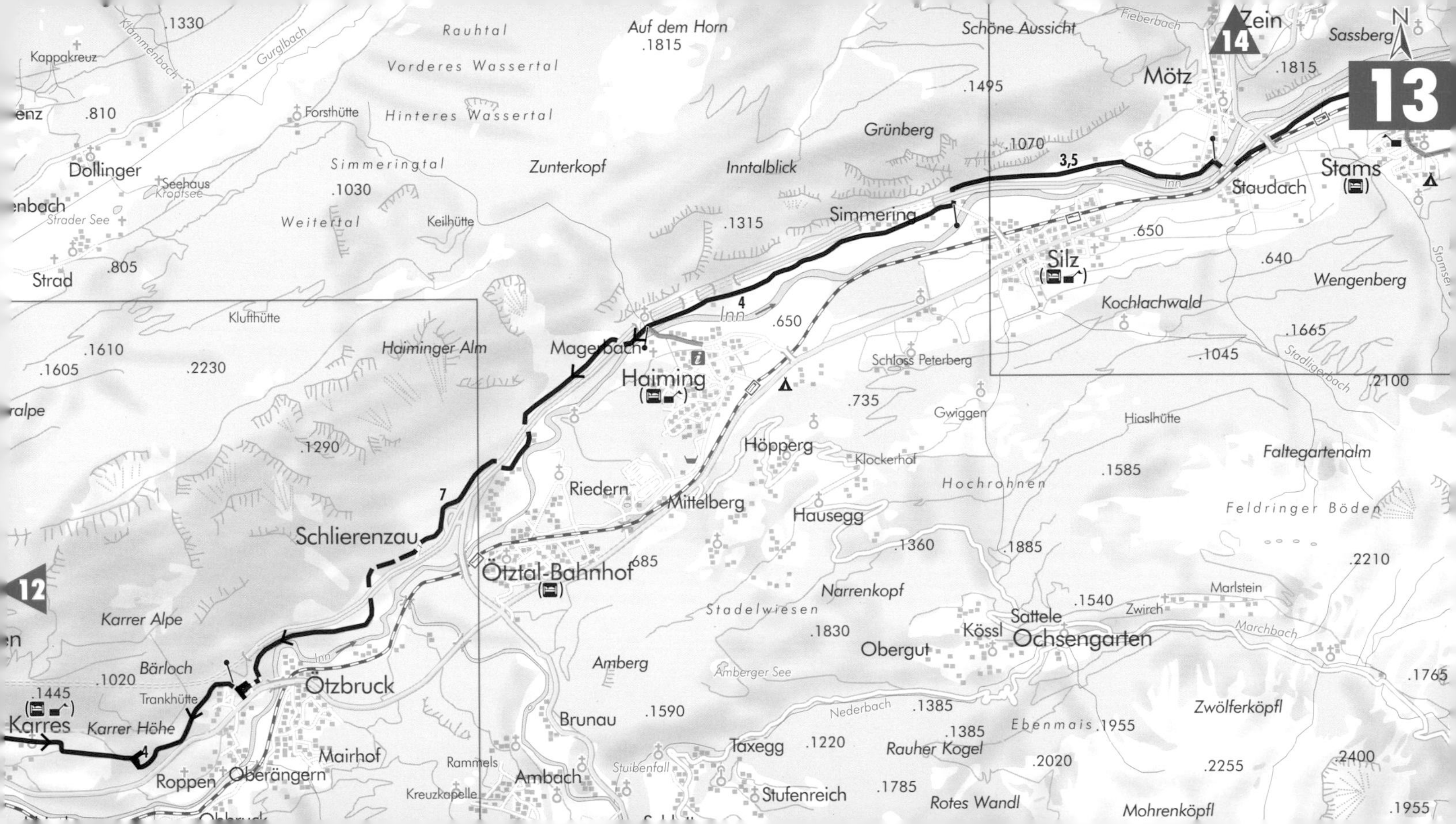

13
14
12
Zein
Sassberg
Fieberbach
Schöne Aussicht
Auf dem Horn
.1815
Rauhtal
Vorderes Wassertal
Hinteres Wassertal
.1330
Klammenbach
Gurglbach
Kappakreuz
.810
Forsthütte
Mötz
.1815
.1495
Grünberg
.1070
3,5
Stams
Staudach
Simmeringtal
Zunterkopf
Inntalblick
Dollinger
Seehaus
Kroptsee
.1030
Strader See
Weitertal
Keilhütte
.1315
Simmering
Inn
.650
Silz
.640
Wengenberg
Strad
.805
Kochlachwald
Stamser
Klufthütte
4
Inn
.650
.1665
.1610
.1605
.2230
Haiminger Alm
Magerbach
Haiming
Schloss Peterberg
.1045
Stadligerbach
.2100
.735
Gwiggen
Hiaslhütte
.1290
Höpperg
Klockerhof
Faltegartenalm
Riedern
Hochrohnen
.1585
7
Mittelberg
Hausegg
Feldringer Böden
Schlierenzau
.1360
.1885
Ötztal-Bahnhof
685
.2210
Narrenkopf
Marlstein
Karrer Alpe
Stadelwiesen
Sattele
.1540
Zwirch
Kössl
Ochsengarten
Marchbach
.1830
Obergut
Bärloch
Amberg
Amberger See
.1765
.1445
.1020
Trankhütte
Ötzbruck
Zwölferköpfl
Brunau
.1590
Nederbach
.1385
Karres
Karrer Höhe
.1385
Ebenmais
.1955
Mairhof
Taxegg
.1220
Rauher Kogel
Rammels
Stuibenfall
.2020
.2255
.2400
Roppen
Oberängern
Ambach
Kreuzkapelle
Stufenreich
.1785
Rotes Wandl
Mohrenköpfl
.1955

Klosterkirche Mariae Himmelfahrt, das 1284 geweihte Münster war ursprünglich ein dreischiffiger romanischer Bau, Veränderungen im 15. und 16. Jh., später barockisiert. Heute ist die Basilika die größte Barockkirche Tirols. Der Hochaltar von 1613 ist ein bis zum Scheitel des Gewölbes ragendes Meisterwerk von B. Steinle. Die Fresken und großen Altarbilder von F. X. Feuchtmayr wirken heute noch frisch.

Pfarrkirche zum Hl. Johannes dem Täufer , eine Wallfahrtskapelle reicht hier ins 1. Jahrtausend zurück, der heutige Bau entstand an ihrer Stelle um 1300. Trotz eines späteren Umbaus hat das Langhaus seinen gotischen Charakter mit Schallfenster behalten. Barocker Innenraum mit vortrefflichen Bildhauerarbeiten.

***Stams** zählt neben Göttweig und Melk zu den berühmtesten Klosteranlagen Österreichs und ist einer d e r Wallfahrtsorte im Oberinntal. Die seit 1273 bestehende Abtei wurde einmal von der bayerischen Regierung 1807 und 1939 vom NS-Regime für kurze Zeit aufgehoben. Teil des klösterlichen Lebens bildeten aber in Stams nicht nur die Gebetsräume sondern auch ein Talboden südlich in den Bergen: die **Stamser Alm**. Hier befindet sich in fast 1.900 Meter Höhe die ehemalige „Sommerfrische" der Stamser Ordensbrüder, deren Einsamkeit auch so manchen Innsbrucker Professor beflügelte.*

Tipp: Wenn Sie den Abstecher nach Stams gemacht haben, können Sie gleich im Ort weiterfahren, durch Windfang nach Thannrain, dort biegen Sie links zur Hauptstraße ab und erreichen dort den Radweg. Auf diesem fahren Sie rechts weiter.

Die Hauptroute verläßt also Stams entlang der Bundesstraße ~ bei **Thannrain** wechseln Sie auf die andere Straßenseite und erreichen nach Überwindung eines Hügels die Ortschaft **Rietz** ~ rechter Hand gelangen Sie ins gut erhaltene Dorf mit seinen jahrhundertealten Bauernhöfen, inmitten von Obstgärten gelegen ~ die Route führt nach dem Bahnhof mittels einer Unterführung auf die linke Seite der Inntalbahn ~ dicht an der Bahn und entlang der Aufelder rollen Sie dann geradeaus nach Telfs ~ nach 3,5 Kilometer fahren Sie unter der Straßenbrücke bei Telfs hindurch.

Telfs

PLZ: A-6410; Vorwahl: 05262

Tourismusbüro, Untermarkt 20, ✆ 622454

Heimat- und Fasnachtmuseum, Untermarkt 18, ✆ 62245, ÖZ: Juli-Aug., Mo-Fr 10-12 Uhr. Zu besichtigen sind Objekte der Frühgeschichte, Krippen, Figuren und Masken vom Telfser Schleicherlaufen und Barockmalerei.

Franziskanerkloster und -kirche (18. Jh.).Im Innern eine neuromanische Ausstattung von 1867-79.

Wallfahrtskirche Maria-Himmelfahrt, auf dem Birkenberg 2 km nördlich. Der hübsche Bau stammt aus dem 17. Jh. und besitzt 3 Rokoko-Altäre von A. Thamasch von 1693.

Friedensglocke. Jeden Tag um 17 Uhr ist diese Glocke zu hören, die sich hoch über Telfs in Mösern befindet.

Telfer Bad, Weißenbachg. 17, ✆ 62137. ÖZ: Mo-So 9-18 Uhr.

Zeugnisse für die erste Besiedelung dieser Region stammen aus der Bronzezeit, dem 1. u. 2. Jahrtausend v. Chr. Im Museum können Sie

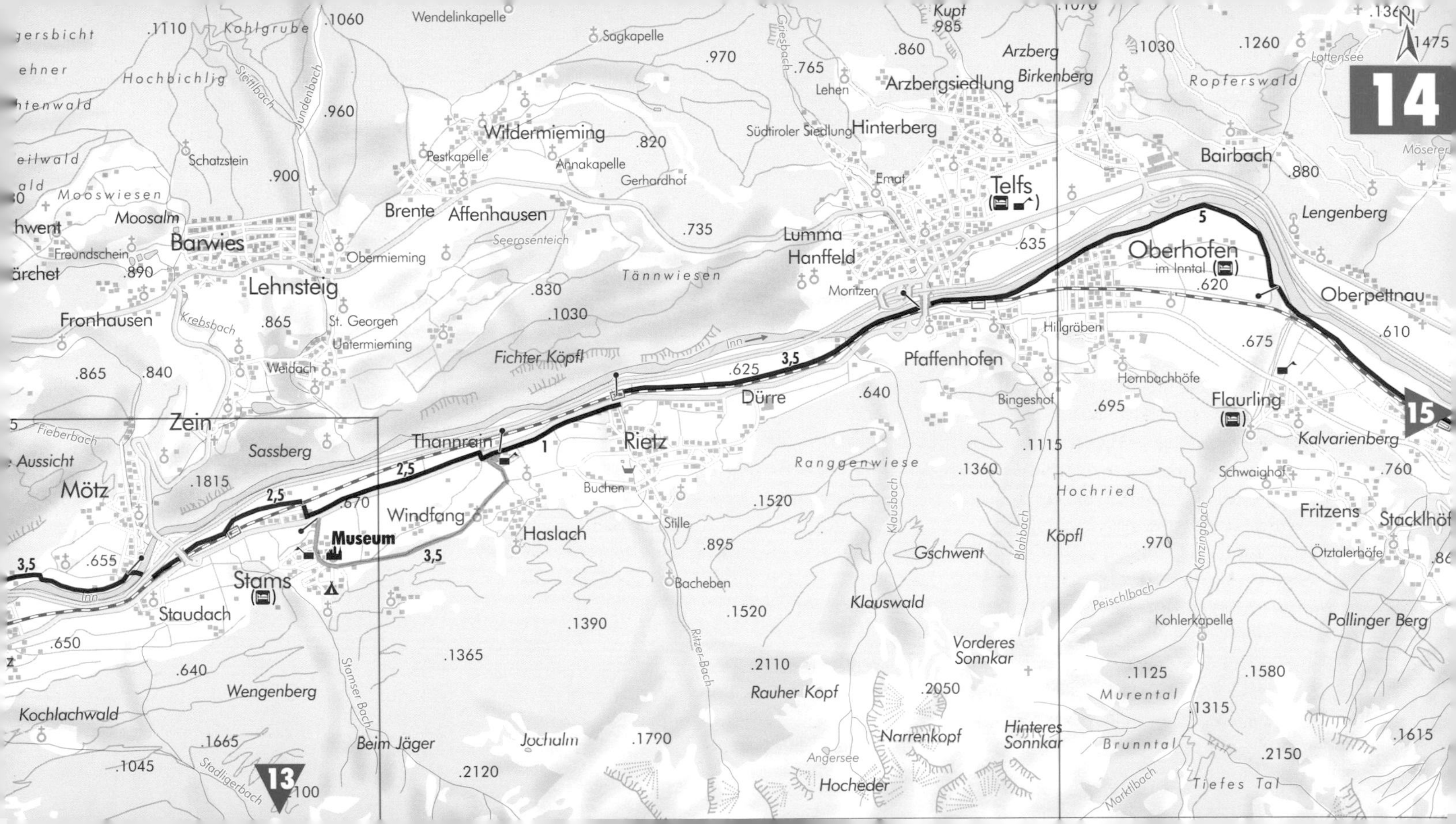

14
15
13
Kohlgrube
Hochbichlig
Wendelinkapelle
Sagkapelle
Kupf
Arzberg
Arzbergsiedlung
Birkenberg
Ropferswald
Lottensee
Lehen
Griesbach
Südtiroler Siedlung
Hinterberg
Wildermieming
Pestkapelle
Annakapelle
Gerhardhof
Schatzstein
Mooswiesen
Moosalm
Barwies
Freundschein
Lehnsteig
Brente
Affenhausen
Seerosenteich
Obermieming
Tännwiesen
Emat
Telfs
Bairbach
Möserer
Lengenberg
Lumma
Hanffeld
Moritzen
Oberhofen
im Inntal
Oberpettnau
Fronhausen
Krebsbach
St. Georgen
Untermieming
Weidach
Fichter Köpfl
Inn
Pfaffenhofen
Hillgräben
Hornbachhöfe
Dürre
Bingeshof
Flaurling
Zein
Fieberbach
Sassberg
Thannrain
Rietz
Ranggenwiese
Kalvarienberg
Aussicht
Mötz
Buchen
Hochried
Schwaighof
Windfang
Museum
Haslach
Stille
Klausbach
Blahbach
Köpfl
Gschwent
Kanzingbach
Fritzens
Stacklhöf
Ötztalerhöfe
Stams
Staudach
Bacheben
Klauswald
Peischlbach
Kohlerkapelle
Pollinger Berg
Ritzer-Bach
Vorderes Sonnkar
Stamser Bach
Wengenberg
Kochlachwald
Rauher Kopf
Murental
Beim Jäger
Jochalm
Narrenkopf
Hinteres Sonnkar
Brunntal
Angersee
Hocheder
Stadligerbach
Marktlbach
Tiefes Tal

einiges davon bewundern. Marktgemeinde wurde der Ort im Jahre 1908 durch den Kaiser Franz Josef I.

Nach Telfs geht's am Bahnhof von Pfaffenhofen vorbei und wieder zum Inn ⤳ die anschließende Ortschaft macht mit schönen Bauernhäusern und Scheunen auf sich aufmerksam.

Radweg bei Inzing

Oberhofen

PLZ: 6405; Vorwahl: 05262

Tourismusverband, Gemeindehaus, ✆ 6274715

Fahrradverleih beim Tourismusverband.

Nachdem die Flussschleife durchfahren ist, zweigt die Route links ab ⤳ durch den Auwald geht es bis zum Flussufer und danach über einen Bach ⤳ bald schliesst sich der Weg wieder dem Bahnverlauf an, die Wegweiser kündigen bereits Innbruck an ⤳ immer wieder laden Abzweigungen in nahe Orte jenseits der Bahn wie **Flaurling** und **Polling** ein, die neben gepflegter bäuerlicher Architektur auch mit Gasthäusern aufwarten.

Flaurling

PLZ: 6403; Vorwahl: 05262

Tourismusverband, ✆ 62134

Kirche Hl. Margarethe, die Kirche wurde 1326 geweiht und erhielt 1836 nach einigen Umbauten ein neues klassizistisches Langhaus.

Riesschlösschen, oberhalb der Pfarrkirche. Errichtet um 1470 als Jagdschloss Erzherzog Sigmunds, um 1500 zum Pfarrhof umgewidmet und 1745 barockisiert.

Nach 4 Kilometern entlang der Bahn passieren Sie in **Hatting** eine Querstraße und halten sich halb links, vorbei am **Gasthof Neureuter** ⤳ an der Weggabelung zunächst geradeaus und darauffolgend in der T-Kreuzung wieder nach links ⤳ auf einem unbefestigten aber gut befahrbaren Güterweg geht es am Inn entlang in Richtung Inzing weiter ⤳ der Blick schweift bereits bis zu den Felsen bei Zirl ⤳ nach der Autobahnbrücke erreichen Sie den Abzweig nach Inzing.

Inzing

PLZ: A-6401; Vorwahl: 05238

Tourismusbüro, Kohlstatt 1, ✆ 88121

Pfarr- und Wallfahrtskirche St. Petrus, barocker Innenraum, auf dem Friedhof befindet sich das Grabmal des berühmten Kartographen Blasius Hueber.

Adelshof, denkmalgeschützter Bauernhof mit gotischen Wandmalereien. Besichtigung nur nach Anmeldung im Tourismusbüro.

Gaisau, Vogelschutzgebiet und Fischwasser, stellt einen Rest der vormals weitläufigen natürlichen Fluss- und Aulandschaft des Inntals dar. Der Inntalradweg führt bei Inzing direkt daran vorbei.

Die Route führt am Uferweg weiter, es gibt hier noch keine Anzeichen für die Nähe einer Stadt ⤳ die **Ruine Fragenstein** am linken Talrand zeigt Zirl an und es dauert nicht lang, bis Sie bei der Zirler Innbrücke ankommen ⤳ für den Besuch im „einzigen Weindorf Tirols" überqueren Sie den Inn.

Zirl

PLZ: A-6170; Vorwahl: 05238

Tourismusbüro, Dorfplatz 3, ✆ 52235

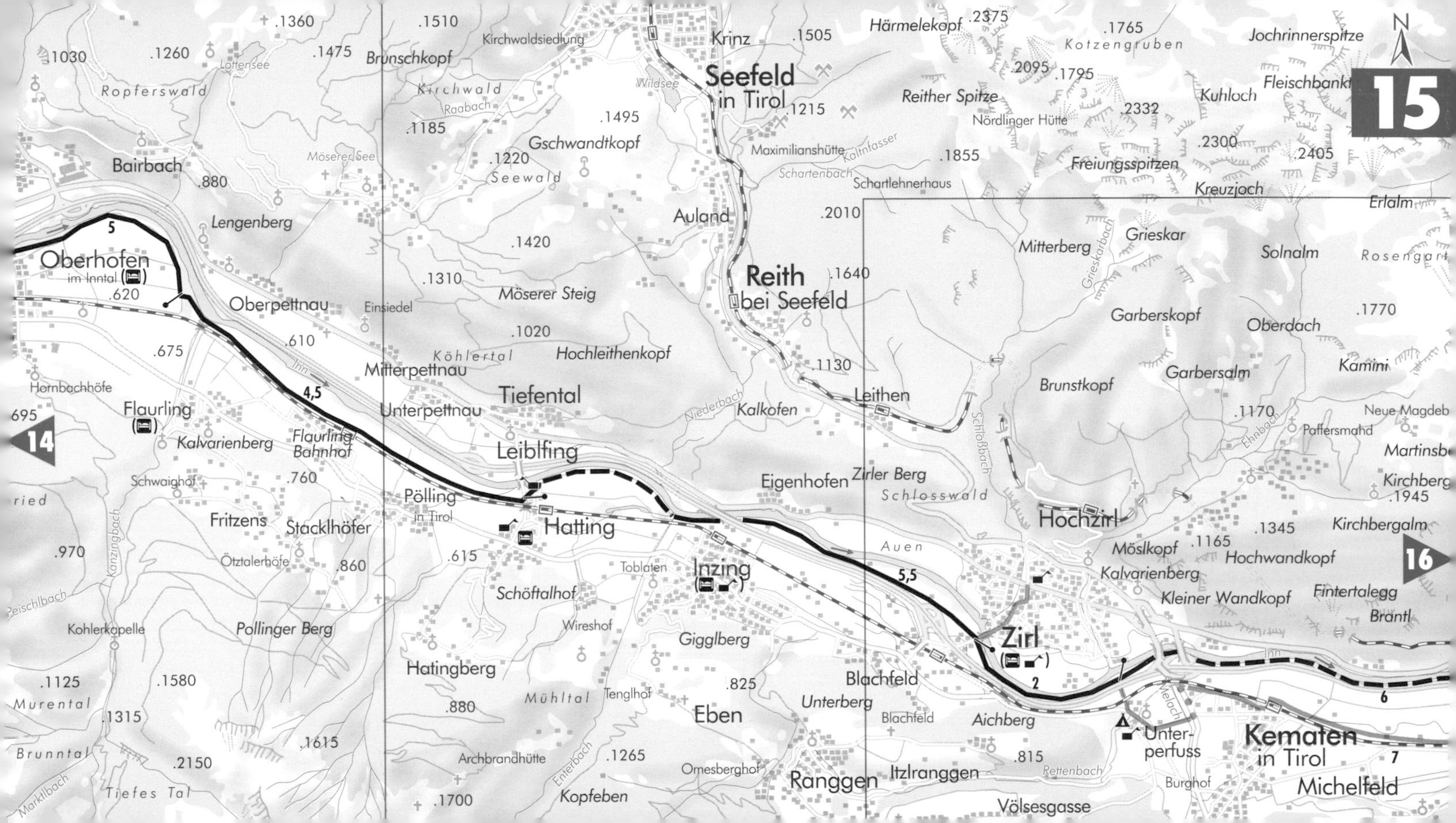
15
14
16
Seefeld
in Tirol
Reith
bei Seefeld
Oberhofen
im Inntal
Flaurling
Flaurling Bahnhof
Pölling
in Tirol
Hatting
Inzing
Zirl
Kematen
in Tirol
Hochzirl
Leiblfing
Tiefental
Oberpettnau
Mitterpettnau
Unterpettnau
Krinz
Auland
Leithen
Kalkofen
Eigenhofen
Zirler Berg
Schlosswald
Bairbach
Lengenberg
Möserer Steig
Hochleithenkopf
Gschwandtkopf
Brunschkopf
Kirchwaldsiedlung
Kirchwald
Seewald
Köhlertal
Einsiedel
Ropferswald
Lottensee
Möserer See
Wildsee
Raabach
Hornbachhöfe
Kalvarienberg
Schwaighof
Fritzens
Stacklhöfer
Ötztalerhöfe
Kanzingbach
Peischlbach
Kohlerkapelle
Pollinger Berg
Murental
Brunntal
Tiefes Tal
Marktlbach
Schöftalhof
Wireshof
Hatingberg
Mühltal
Tenglhof
Archbrandhütte
Enterbach
Kopfeben
Omesberghof
Toblaten
Gigglberg
Eben
Ranggen
Itzlranggen
Unterberg
Blachfeld
Aichberg
Unterperfuss
Melach
Rettenbach
Burghof
Michelfeld
Völsesgasse
Auen
Inn
Niederbach
Schloßbach
Härmelekopf
Kotzengruben
Jochrinnerspitze
Reither Spitze
Nördlinger Hütte
Kuhloch
Fleischbankl
Maximilianshütte
Kaltnfasser
Schartenbach
Schartlehnerhaus
Freiungsspitzen
Kreuzjoch
Erlalm
Mitterberg
Grieskar
Grieskarbach
Solnalm
Rosengart
Garberskopf
Oberdach
Garbersalm
Brunstkopf
Kamini
Neue Magdeb
Paffersmahd
Ehnbach
Martinsb
Kirchberg
Kirchbergalm
Möslkopf
Hochwandkopf
Kalvarienberg
Kleiner Wandkopf
Fintertalegg
Brantl
.1360
.1510
.1505
.2375
.1765
.1030
.1260
.1475
.2095
.1795
.1215
.2332
.1185
.1495
.2300
.2405
.1220
.1855
.880
.2010
.1420
.1640
.1310
.620
.610
.1020
.675
.1130
.1770
695
.1170
.760
.1945
.1345
.1165
.970
.860
.615
.1125
.1580
.825
.880
.1315
.1615
.2150
.1265
.815
.1700
5
4,5
5,5
2
6
7

Heimatmuseum mit bedeutender Krippenschau.

Kloster Martinsbühel, östlich von Zirl. Früher Jagdschloss von Kaiser Maximilian I., heute eine Schule.

Ruine Fragenstein (13. Jh.), nördlich von Zirl. Das Schloss erlebte seine Blütezeit unter Kaiser Maximilian I., zahlreiche Turniere und Feste wurden in der Wehranlage abgehalten. Seit dem Brand im Jahre 1703 eine Ruine.

Kaiser-Maximilian-Grotte, nördlich von Martinsbühel. Ein Kruzifix erinnert heute an die wunderbare Rettung des Kaisers. Der Sage nach soll er sich bei einer der Gamsjagden in der berühmten Martinswand verstiegen haben und von einem Engel gerettet worden sein.

Brunntalklamm mit Kalvarienberg

Die Reise geht nach der Zirler Brücke rechts des Inns weiter → nach 2 km finden Sie den Abzweig nach **Unterperfuss** zum Camping.

Tipp: An dieser Stelle wird eine Alternative zum Inntal-Radweg überlegenswert, da dieser anschließend kilometerweit direkt neben der Autobahn und auf Schotter verläuft. Außerdem ist der Weg durch die Völser Au besonders bei Regenwetter nicht zu empfehlen. Falls Sie sich dieses Erlebnis sparen wollen, können Sie eine zwar etwas längere aber angenehme Ausweichmöglichkeit über

Kalvarienberg bei Zirl

Unterperfuss, Kematen und Völs unternehmen – diese lokale Radroute ist zum Teil ausgeschildert, zum Inn-Radweg stoßen Sie dann bei der Brücke vor **Kranebitten** wieder.

Variante über Kematen

Sie fahren vom Inn weg in Richtung **Unterperfuss** Campingplatz und biegen dort links auf die Landstraße ein → nach der Kirche dann links auf einen Güterweg → nach Überquerung der Melach wenden Sie sich auf einer weiteren Landstraße wieder innwärts → direkt vor der Bahn fahren Sie rechts bis zum Bahnhof Kematen, dort bringen Sie Ihr Fahrrad unter der Gleisunterführung durch → weiter rechts auf dem beschilderten Radweg Richtung Innsbruck. Im Ort sind noch zwei Kornkästen aus dem 14. Jahrhundert zu sehen → in aller Ruhe gelangen Sie nach rund 5 Kilometern zur Verbindungsstraße in **Völs** und halten sich weiter geradeaus → grünes Schild „Zum Radwanderweg" → bei der nächsten Bahnunterführung links ab und vor der Post wieder nach rechts → nach der Autobahn geht es dann linker Hand zur Innbrücke bei Kranebitten, wo Sie die Hauptroute erreichen.

Hinter **Unterperfuss** unterquert die Inntal-Route eine Zubringerstraße und passiert eine unebene Strecke → nach der Autobahnabfahrt ist der Weg wieder besser gewalzt → an der gegenüberliegenden Felswand erscheint die sagenumwobene **Maximilians-Grotte** → nach einer kilometerlangen Tuchfüllung mit der Autobahn radeln Sie durch die geschützte Völser Inn-Au → nach der Brücke von Kranebitten-Völs endet vorläufig die Inntal-Beschilderung → zwar führt am rechten Ufer der Schotterweg

16
Garberskopf
Oberdach
.1770
Brunstkopf
Garbersalm
Kamini
Neue Magdeburg
.1170
Paffersmahd
Martinsberg
Kirchbergkopf
.1945
Hochzirl
.1345
Kirchbergalm
Möslkopf
.1165
Hochwandkopf
Kalvarienberg
Kleiner Wandkopf
Fintertalegg
Brantl
Zirl
Inn
Aichberg
Unterperfuss
Melach
Kematen
in Tirol
.815
Rettenbach
Burghof
Michelfeld
Völsesgasse
Dickicht
Oberperfuss
Aigen
Wollbell
Kergelscheiber
Brandstat
Omes
Mooskapelle
Omesmühle
.880
Krammerland
Axams
Ginzens
Bachl
Birkhof
.945
.820
Wildgrube
Dafl
Trogerhof
Pafnitz
Einsiedlhof
Kalchgruben
Birgitz
.860
Götzner Berg
.1165
Vellenberg
Götzens
.1055
Axamer Bach
.620
Bauhof
Völs
Edelweißgutel
.1830
.1970
Hinteregg
Sulzenbach
Hechenbergl
.1410
.840
Kranebitten
.590
Flughafen
.580
Untere Figge
Eichleitegg
Klosterberg
Geroldsbach
Natterer See
.850
Neu-Götzens
Oberer Berg
.1100
.1715
Brandjochkreuz
Brandjochboden
Achselkopf
.1560
Hochegg
.785
Planötzenhof
Allerheiligenhöfe
Sadrach
Schlotthof
Gerchrofen
.1285
Nißwald
Artzer Alm
.1245
.1065
Enzianhütte
Unbrüggler Alm
Hungerburg
Finkenberg
Alpenzoo
Hötting
Goldenes Dachl
Innsbruck
Tivoli
Mentlbergsiedlung
Lemmenhof
Schloß Mentelberg
Sonnenburgerhof
Poltenhütte
Lansen Kopf
.930
Gluirschhöfe
Mühlsee
Tschurtschen-
talerhof
Gärberbach
Vill
Lauser See
Grillhof
Natters
Igls
Lans
.840
Gigglberg
Dorfbach
Mutters
Zenzenhof
Handlhof
Ullwald
Raitis
2
6
6,5
7
1,5

an der Autobahn entlang weiter, in Innsbruck ist jedoch das Befahren der Promenadenwege nicht erlaubt ~ daher wechselt hier die Route auf die Nordseite des Inn, wo Sie am **Flugplatz** vorbei nach Innsbruck kommen ~ auf die Brücke gelangen Sie über einen steilen Fußweg.

Der Inn bei Innsbruck

Auf der Stadteinfahrt nach Innsbruck überqueren Sie also vor **Kranebitten** den Inn und fahren am Nordufer zu einer querenden Straßenbrücke hinauf, um rechts zum Ufer hin abzuzweigen.

Tipp: Wer hingegen das FKK-Strombad am Inn aufsuchen möchte, hält sich hier links.

Vorbei am Flughafen von Innsbruck führt ein breiterer Weg entlang vom Damm ~ nach einer Gartensiedlung auf der Uferstraße weiter ~ bereits in Innsbruck radeln Sie auf dem gesonderten Radweg der Promenade direkt in die Innenstadt ~ diese ist dann bei der dritten Brücke nach der Bahn, auf der Höhe der **Neuen Innbrücke** erreicht.

Um sich von den Strapazen der Reise zu erholen und die Tiroler Landeshauptstadt kennenzulernen, passieren Sie die Neue Innbrücke ~ drüben geht es dann halb links, vorbei an der **Ottoburg**, in die **Herzog-Friedrich-Straße**, die in L-Form durch die Altstadt führt ~ in der Fußgängerzone ist das Radfahren Mo-So nur bis 10.30 Uhr erlaubt.

Innsbruck

PLZ: A-6020; Vorwahl: 0512

- **Innsbruck Tourismus**, Burggr. 3, ✆ 598500
- **Tiroler Volkskunstmuseum**, ÖZ: Mo-Sa 9-17 Uhr, So/Fei 9-12 Uhr. Gebäude aus dem 16. Jh. Bedeutendes Heimatmuseum mit Trachten, Bauernstuben und Krippen.
- **Tiroler Landesmuseum Ferdinandeum**, Museumstraße. ÖZ: Wegen Umbaus bis 2003 geschlossen! Beherbergt die größte Gotiksammlung Österreichs, reiche ur- und kunstgeschichtliche Sammlungen sowie ein 150 m² großes Tirol-Relief.
- **Bergisel-Kaiserjägermuseum**, Brennerstraße, ÖZ: April-Okt., Mo-So 9-17 Uhr. Gedenkstätte der Tiroler Freiheitskämpfer, Denkmal und Bildergalerie von Andreas Hofer sowie Regimentsmuseum der Tiroler Kaiserjäger. Aussichtspavillon.
- **Museum im Zeughaus**, ÖZ: Mai-Sept., Mo-Mi 10-17 Uhr, Do 10-17 Uhr und 19-21 Uhr, Okt.-April, Di-Sa 10-12 Uhr und 14-17 Uhr, So/Fei 10-13 Uhr. Zeughaus Kaiser Maximilians I., erbaut um 1506. Naturwissenschaftliche und technologische Sammlungen.
- **Alpenverein-Museum**. Wilhelm-Greil-Str. 15, ÖZ: Mo, Di, Do, Fr 10-17 Uhr, Mi 12-19 Uhr; Mai-Okt., Sa 10-13 Uhr. Geschichte des Bergsteigens, Entwicklung der alpinen Ausrüstung.
- **Maximilianeum**. ÖZ: Mai-Sept., Mo-So 10-18 Uhr, Okt.-April, Di-So 10-12.30 Uhr, 14-17 Uhr.
- **Glockenmuseum/Glockengießerei (seit 1599)** Grassmayr, Leopoldstr. 53, ✆ 5941637. ÖZ: Mo-Fr 9-18 Uhr, Sa 9-12 Uhr. Eine Kombination aus Glockengießerei, -museum, Gussschau und Klangraum, in dem man den Glockenklang

hören und fühlen kann.

Sammlung Max Reisch. Riesenrundgemälde. ✆ 584434. ÖZ: April-Okt., Mo-So 9-17 Uhr. Max Reisch (1912-1985), Geograph, Reiseschriftsteller und Motorsportler trug auf seinen Expeditionen zahlreiche Gegenstände zusammen, die hier ausgestellt sind. Zeugen von z. B. der ersten Sahara-Durchquerung, seiner Weltumrundung und Expeditionen nach Indien und China sind neben Aufzeichnungen, Souvenirs und Bildern auch acht originale Expeditionsfahrzeuge.

Goldenes Dachl. Spätgotischer Erker mit über 2.000 vergoldeten Kupferplatten, 1494-96 als Hofloge erbaut. Im Gebäude ist das Museum Maximilianeum untergebracht.

Die Innenstadt von Innsbruck

Kaiserl. Hofburg (1460), Rennweg 1, ÖZ: 9-17 Uhr. Prächtige Wandgemälde und Deckenfresken von F. A. Maulbertsch, prunkvoller Riesensaal.

Hofkirche (16. Jh.), Eingang Tiroler Volkskunstmuseum, Universitätsstraße. ✆ 584302. ÖZ: Mo-Sa 9-17 Uhr; So/Fei Gottesdienste. Diese Kirche ist neben der alten noch spielbaren Holzorgel (16. Jh.) vor allem wegen der Schwarzmander berühmt: 28 überlebensgroße Bronzestatuen von Verwandten Kaiser Maximilians I.

Schloss Ambras, ÖZ: April-Okt. Mo, Mi-So 10-17 Uhr, Dez.-März 14-17 Uhr. Bereits im 11. Jh. erwähnt. In der Folge zu einem Renaissanceschloss umgebaut. Kunst- und Waffensammlung, Spanischer Saal, Schlosspark.

Stadtturm, ÖZ: Juni-Sept., 10-20 Uhr, Okt.-Mai, Mo-So 10-17 Uhr. Um 1442-50 als Rathausturm erbaut.

Helblinghaus. Ursprünglich gotisch erbaut, im frühen 18. Jh. mit spätbarocken Stukkaturen versehen.

Dom zu St. Jakob (1717-24). Barockbau; Altar mit dem berühmten Mariahilfbild von Lukas Cranach d. Ä.

Annasäule (1706). Von den Landständen zur Erinnerung an die Abwehr eines bayerischen Einfalles im Spanischen Erbfolgekrieg errichtet.

Altes Landhaus (1725-28). Barockpalast. Sitz der Landesregierung.

Leopoldsbrunnen. Rennweg. Reiterstandbild Erzherzog Leopold V.

Rudolfsbrunnen (1863). Erinnert an die 500jährige Vereinigung Tirols mit Österreich im Jahre 1363.

Triumphpforte (1765). Errichtet zur Erinnerung an die Vermählung des späteren Kaisers Leopold II.

Basilika Wilten (1751-55). Schönste Rokokokirche Tirols.

Alpenzoo. Weiherburgg. 37, ✆ 292323, ÖZ: Im Sommer Mo-So 9-18 Uhr, Winter 9-17 Uhr. Höchstgelegener Tiergarten Europas mit in den Alpen beheimateten Tierarten und Kaltwasser-Aquarium. Am bequemsten erreichbar mit der Hungerburgbahn, vom Rennweg entlang der Route. Die Standseilbahn verkehrt ganzjährig in 15-Min.-Intervallen.

✷ **Riesenrundgemälde,** Rennweg, bei Hungerburgbahn, ✆ 584434. ÖZ: April-Okt., 9-17 Uhr. Ölbild auf 1.000 m² von der Schlacht am Bergisel 1809.

✷ **Nordkettenbahn,** Höhenstr. 145, ✆ 293344. ÖZ: Mai-Okt., Mo-So, letzte Talfahrt 23.30 Uhr. Mit dieser Bahn geht es zur Hungerburg (869 m), auf die Seegrube (1.905 m) oder auf das Hefeklar (2.260 m). Von oben hat man einen wunderbaren Blick über Innbruck.

*Der alte **Stadtkern** von **Innsbruck** besticht durch seine mit schmucken Bürgerhäusern dicht bebauten, engen Gassen. Vom berühmten Prunkerker des „Goldenen Dachl" aus lässt sich ein Rundgang starten, entlang ver-*

zierter, bunter Häuser mit Laubengängen und Fassadenmalerei. Sie zeugen vom Reichtum und Streben des frühen Bürgertums, das ab der frühen Neuzeit dem Adel seine neugewonnene Macht präsentieren wollte. Die emporragenden Berge im Hintergrund, wie überall in Innsbruck, bilden eine einmalige Kulisse. Allen voran die über 2.300 Meter hohe **Hafelekar Spitze**, *die als Hausberg der Innsbrucker gilt.*

Die Innzeile in Innsbruck mit der Nordkette

Vor dem 15. Jahrhundert war Innsbruck eine kleine Landstadt. Sie gewann erst im 15. Jahrhundert, als Herzog Friedrich in Innsbruck seine Residenz baute und sein Sohn Sigismund dort residierte, an Bedeutung. Die Anwesenheit des Habsburger Hofes, der zahlreichen Adeligen, des Klerus und einer wohlhabenden Bürgerschaft bestimmte den Charakter des reichen Stadtbildes, das vor allem von der Spätgotik, dem Barock und dem Rokoko geprägt ist.

Zahlreiche Touristen kommen jedoch vor allem wegen eines einzigen, mit Kupferplatten bedeckten gotischen Erkers, dem **Goldenen Dachl**. *Ursprünglich war es die kaiserliche Loge bei den Turnieren und wurde von Maximilian I., dem letzten Ritter, um 1506 dem „Neuen Hof" Friedrichs hinzugefügt. Obwohl die Adelspaläste der Fugger, Londron und Trapps nicht die Pracht und Größe der Wiener Paläste erreichen, spiegeln sie doch die blaublütige Lebensart wider, der Europa in dieser Zeit die großartigsten Schöpfungen der Architektur verdankt. Dass die Bürgerschaft dem Adel nacheiferte, zeigen die reichstrukturierten, in Pastellfarben und Weiß gehaltenen Fassaden der Bürgerhäuser.*

Tipp: Wenn Sie nun weiter auf dem Inn-Radweg radeln wollen, gelangen Sie auf der folgenden Route vom Bahnhof aus zur Neuen Innbrücke.

Beim **Hauptbahnhof** fahren Sie auf der **Bruneckerstraße** bis zur **Museumstraße** und biegen links ab. Vorsicht, hier müssen Sie die Fußgängerübergänge benutzen. Beim **Burggraben** wendet sich der Radstreifen nach links und führt am „Haus des Tourismus" vorbei. Gleich danach, wenn Sie rechts abbiegen, kommen Sie in die historische Altstadt von Innsbruck mit dem **Goldenen Dachl**. Die Innenstadt ist lediglich Fußgängern vorbehalten – hier bitte das Fahrrad schieben!

Ab der Ottoburg und der Innbrücke können Sie wieder mit dem Fahrrad Ihre Reise auf dem Inn-Radweg fortsetzen, der bis zum Stadtrand von Innsbruck an der Innpromenade entlang führt. Am anderen Ufer, unter der Nordkette, präsentiert sich eine prächtige Häuserzeile bereits im Inn-Salzach-Stil, dessen Verbreitungsgebiet von den Südalpen bis in den Böhmerwald reicht.

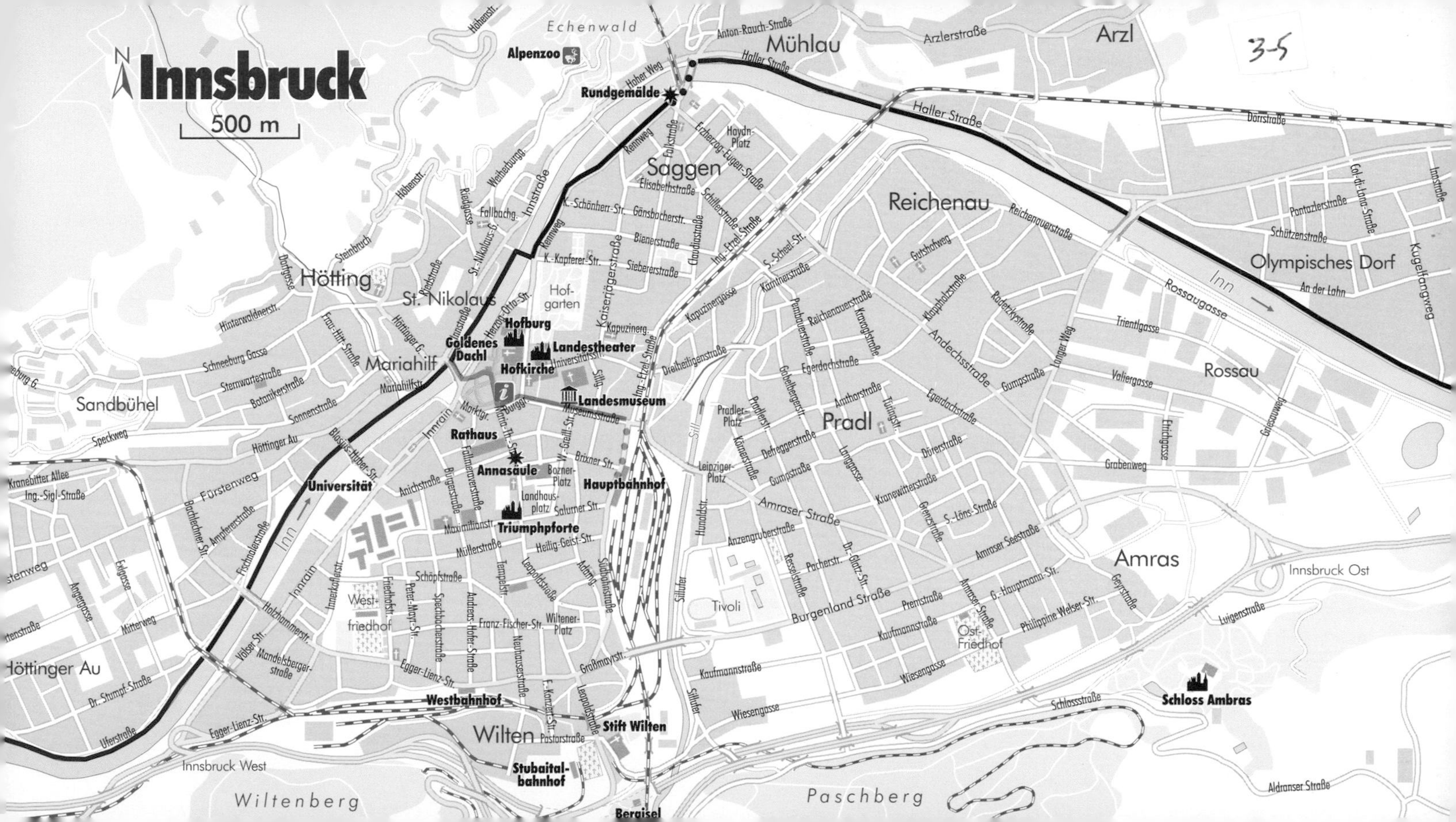

Innsbruck
500 m
3-5
Echenwald
Alpenzoo
Rundgemälde
Anton-Rauch-Straße
Mühlau
Arzlerstraße
Arzl
Haller Straße
Hoher Weg
Dorfstraße
Rennweg
Falkstraße
Erzherzog-Eugen-Straße
Haydn-Platz
Saggen
Elisabethstraße
Schillerstraße
Innstraße
Höhenstr.
Weiherburgg.
Riedgasse
Fallbachg.
K.-Schönherr-Str.
Gänsbacherstr.
Bienerstraße
Claudiastraße
Ing.-Etzel-Straße
Reichenau
Reichenauerstraße
Col-di-Lana-Straße
Pontlatzerstraße
Schützenstraße
Innstraße
Kugelfangweg
Olympisches Dorf
An der Lahn
Inn
Rossaugasse
St.-Nikolaus-G.
K.-Kapferer-Str.
Siebererstraße
S.-Scheel-Str.
Kärntnerstraße
Gutshofweg
Radetzkystraße
Steinbruch
Dorfgasse
Höttinger G.
Riedstraße
Höttinger G.
Hötting
St. Nikolaus
Herzog-Otto-Str.
Hof-garten
Kaiserjägerstraße
Kapuzinergasse
Pembaurstraße
Reichenauerstraße
Kravoglstraße
Klappholzstraße
Andechsstraße
Langer Weg
Trientlgasse
Hinterwaldnerstr.
Frau-Hitt-Straße
Hofburg
Goldenes Dachl
Landestheater
Universitätsstr.
Kapuzinerg.
Ing.-Etzel-Straße
Dreiheiligenstraße
Egerdachstraße
Gumppstraße
Valiergasse
Rossau
Schneeburg Gasse
Sternwartestraße
Botanikerstraße
Mariahilf
Mariahilfstr.
Hofkirche
Sill
Landesmuseum
Museumstraße
Gabelsbergerstr.
Amthorstraße
Pradler-Platz
Pradlerstr.
Pradl
Egerdachstraße
Sandbühel
Sonnenstraße
Innrain
Marktgr.
Burggr.
Maria-Th.-Str.
W.-Greil-Str.
Tschurtschenthalerstr.
Defreggerstraße
Dürerstraße
Grabenweg
Speckweg
Höttinger Au
Blasius-Hueber-Str.
Rathaus
Brixner Str.
Leipziger-Platz
Körnerstraße
Gumppstraße
Langgasse
Erlachgasse
Kranebitter Allee
Ing.-Sigl-Straße
Fürstenweg
Universität
Anichstraße
Bürgerstraße
Fallmerayerstraße
Annasäule
Bozner-Platz
Hauptbahnhof
Landhaus-platz
Salurner Str.
Amraser Straße
Kranewitterstraße
S.-Löns-Straße
Bachlechner Str.
Ampferer straße
Fischnaler straße
Inn
Maximilianstr.
Triumphpforte
Heilig-Geist-Str.
Hunoldstr.
Anzengruberstraße
Grenzstraße
Amraser Seestraße
Amras
Innsbruck Ost
stenweg
Erlgasse
Angergasse
Innrain
Innerkoflerstr.
Müllerstraße
Schöpfstraße
Templstr.
Leopoldstraße
Adamg.
Südbahnstraße
Resselstraße
Pacherstr.
Dr.-Glatz-Str.
Geyrstraße
West-friedhof
Friedhofstr.
Peter-Mayr-Str.
Speckbacherstraße
Andreas-Hofer-Straße
Franz-Fischer-Str.
Wiltener-Platz
Tivoli
Burgenland Straße
Premstraße
G.-Hauptmann-Str.
Amraser-Straße
Philippine Welser-Str.
Luigenstraße
Mitterweg
Holzhammerstr.
Völser Str.
Mandelsberger-straße
Neuhauserstraße
Sillufer
Kaufmannstraße
Ost-Friedhof
Höttinger Au
Dr.-Stumpf-Straße
Egger-Lienz-Str.
Großmayrstr.
Kaufmannstraße
Wiesengasse
Westbahnhof
E.-Kanzler-Str.
Leopoldstraße
Sillufer
Schloss Ambras
Schlossstraße
Egger-Lienz-Str.
Uferstraße
Wilten
Pastorstraße
Stift Wilten
Wiesengasse
Innsbruck West
Stubaital-bahnhof
Wiltenberg
Paschberg
Aldranser Straße
Bergisel

Übernachtungsverzeichnis

Im folgenden sind Hotels (H), Hotel garni (Hg), Gasthöfe (Gh), Pensionen (P), Privatzimmer (Pz) und Bauernhöfe (Bh), aber auch Jugendherbergen (⌂) und Campingplätze (▲) der wichtigsten Orte entlang des Inn angeführt. Für Varianten gilt dies selbstverständlich auch. Die Orte sind nicht in alphabetischer Reihenfolge, sondern analog zur Streckenführung aufgelistet.

Das Verzeichnis erhebt keinen Anspruch auf Vollständigkeit und stellt keine Empfehlung der einzelnen Betriebe dar! Wichtiges Auswahlkriterium ist die Nähe zur Radroute und zu den Stadtzentren. Die römische Zahl (I-VI) hinter der Telefonnummer gibt die Preisgruppe des betreffenden Betriebes nach folgender Unterteilung an. Diese Preisgruppen lassen nur bedingt Rückschlüsse auf Qualität oder Ausstattung der Betriebe zu. Die nachstehenden €-Umrechnungskurse dienen zur leichteren Orientierung:

1 € = 1,48 CHF
1 CHF = 0,68 €

I	unter € 15,–		
II	€ 15,–	bis	€ 23,–
III	€ 23,–	bis	€ 30,–
IV	€ 30,–	bis	€ 35,–
V	€ 35,–	bis	€ 50,–
VI	über € 50,–		

Die Angaben beziehen sich auf den Preis pro Person in einem Doppelzimmer mit Dusche oder Bad incl. Frühstück. Bei Betrieben, die Zimmer ohne Bad oder Dusche anbieten, ist dies durch das Symbol ✗ nach der Preisgruppe angegeben.

Da wir das Verzeichnis stets erweitern, sind wir für Anregungen Ihrerseits dankbar. Die Eintragung erfolgt kostenfrei.

Maloja

PLZ: CH-7516; Vorwahl: 081
i Kur- und Verkehrsverein, ✆ 8243188
H Longhin, ✆ 8243131, IV-V
H Maloja Kulm, ✆ 8243105, V-VI
H Schweizerhaus, ✆ 8243455, III-VI
H Pöstli, ✆ 8243455, III-VI
H Sporthotel, ✆ 8243126, IV
H Lagrev, 7516 Isola, ✆ 8243591, V
H Bellavista, ✆ 8243195, III, ✗
H Villa La Rosée, ✆ 8243133, V
P Salecina, Stiftung, ✆ 8243239, II-III, ✗
Pz Gantenbein, ✆ 8243232, II
Pz Keller, ✆ 8243267, I

Sils (Segl-Maria)

PLZ: CH-7514; Vorwahl: 081
i Verkehrsverein, ✆ 8385050
H Waldhaus, Alpine Classics, ✆ 8385100, VI
H Edelweiss, ✆ 8266626, VI
H Margna, ✆ 8265306, VI
H Chesa Margun, ✆ 8265050, V-VI
H Maria, ✆ 8265317, VI
H Post, ✆ 8384444, V-VI
H Pensiun Privata, ✆ 8265247, VI
H Seraina, ✆ 8265292, VI
H Villa Mira Margna, ✆ 8265240, VI
H Club Hotel Schweizerhof, ✆ 8265757, VI
P Andreola + Chesa Marchetta, ✆ 8265232, V-VI
P Schulze, ✆ 8265213, V
Pz Gaudenz, ✆ 8265050, III

Sils-Baselgia:
PLZ: CH-7515; Vorwahl: 081
H Chesa Randolina, VI
H Sporthotel Grischa, ✆ 8265116, V-VI
Hg Sarita, ✆ 8265306, V-VI
P Chasté, ✆ 8265312, V-VI
Pz Oscar, ✆ 8265253, II
Pz Kuhn Adelina, ✆ 8265481, III-IV
Pz Kuhn Madlaina, ✆ 8265181, III
Pz Vincenz, ✆ 8266110, I

Platta:
PLZ: 7514

P Chesa Pool, 7514 Fex-Platta, ✆ 8265504, VI

Crasta:

PLZ: 7514

H Sonne, ✆ 8265373, VI

P Crasta, 7514 Fex-Crasta, ✆ 8265392, V

Curtins:

PLZ: 7514

H Fex, ✆ 8265355, VI

Silvaplana

PLZ: CH-7513; Vorwahl: 081

i Touristinformation, ✆ 8386000

H Albana, Via Vers Mulin, ✆ 8289292, VI

H Conrad, ✆ 8288154, V-VI

H Julier, ✆ 8289644, IV-VI

H La Staila, ✆ 8288147, IV-VI

H Sonne, Via Maistra, ✆ 8288152, III

H Arlas, ✆ 8288148, IV-V,

H Chesa Surlej, ✆ 8288081, II-IV

H Chesa Grusaida, ✆ 8288292, II-III

H Süsom Surlej, an der Talstation Corvatsch, ✆ 8288212, II-V

H Bellavista, ✆ 8288185, III-VI

Hg Chesa Silva, ✆ 8386100

Pz Chesa Martis, ✆ 8288165, II

Pz Chesatta, ✆ 8289267, II

Pz Chesa Casanova, Julierstr., ✆ 8288417, II

Pz Chesa Mulin Vegl, nahe Campingplatz, ✆ 8288174, II

Camping, ✆ 8288492

Champfèr

PLZ: CH-7512; Vorwahl: 081

H Chesa Guardalej, ✆ 8366300, V-VI

H Primula,Via Gunels 24, ✆ 8333696, V-VI

St. Moritz

PLZ: Ch-7500; Vorwahl: 081

i Kur- und Verkehrsverein, ✆ 8373333

H Badrutt's Palace Hotel, ✆ 8371000, VI

H Carlton, ✆ 8367000, VI

H Kulm, ✆ 8368000, VI

H Suvretta House, ✆ 8363636, VI

H Albana, Via Maistra 6, ✆ 8366161, VI

H Bären, Via Maistra 50, ✆ 8335656, VI

H Belvedere, Via dal Bagn 42, ✆ 8333905, VI

H Crystal, Via Traunter Plazzas 1, ✆ 8362626, VI

H Europa, Via Somplaz 59, ✆ 8395555, V-VI

H La Margna, Via Serlas 5, ✆ 8366600, VI

H Monopol, Via Maistra 17, ✆ 8370404, VI

H Posthotel, ✆ 8322121, VI

H San Glan, Via San Glan 23, ✆ 8332041, VI

H Schweizerhof, Via dal Bagn 54, ✆ 8370707, VI

H Steffani, Via Traunter Plazzas 6, ✆ 8369696, VI

H Corvatsch, Via Tegiatscha 1, ✆ 8337475, VI

H Edelweiss, Via dal Bagn 12, ✆ 8365555, VI

H Laudinella, Via Tegiatscha 17, ✆ 8360000, IV-V

H Nolda, Via Crasta 3, ✆ 8330575, V-VI

H Noldapark, Via Crasta 3, ✆ 8330575, VI

H Soldanella, Via Somplaz 17, ✆ 8333651, VI

H Steinbock, ✆ 8336035, VI

H Waldhaus am See, Via Dimlej 6, ✆ 8366000, VI

H Bellaval, Via Grevas 55, ✆ 8333245, V

H Randolins, Via Curtins 2, ✆ 8337755, VI

H Salastrains, Via Salastrains 12, ✆ 8333867, VI

H Casa Franco, Via Sela 11, ✆ 8330363, V-VI

H National, Via da l'Ova Cotschna 1, ✆ 8333274, V

H Sonne, Via Sela 11, ✆ 8330363, V-VI

H Chesa Spuondas, Via Somplaz 47, ✆ 8336588, VI

H Innfall, Via Dim Lej 1, ✆ 8366000, VI

H Stille, ✆ 8336948, IV-V

H Reine Victoria, ✆ 8334032, V-VI

H Veltlinerkeller, Via dal Bagn 11, ✆ 8334009, V-VI

H Meierei, Via Dim Lej 52, ✆ 8332060, VI

Hg Eden, Via Veglia 12, ✆ 8308100, VI

Hg Hauser, Via Traunter Plazzas 7, ✆ 8375050, VI

Hg Languard, Via Veglia 14, ✆ 8333137, VI

Hg Löffler, Via dal Bagn 6, ✆ 8336696, V-VI

Jugendherberge Stille, Via Surpunt 60, ✆ 8333969, II-III

Camping TCS, Olympiaschanze, ✆ 8334090

Celerina

PLZ: CH-7505; Vorwahl: 081

i Celerina Tourismus, ✆ 8300011

H Cresta Kulm, ✆ 8308080, V-VI

H Cresta Palace, ✆ 8365656, VI

H Saluver, ✆ 8331314, VI

H Posthaus, ✆ 8332222, V-VI

H Chesa Rosatsch, ✆ 8370101, V-VI

H Stüvetta Veglia, ✆ 8338008, VI

H Arturo, ✆ 8336685, V

H Misani, ✆ 8333314, IV-VI

Hg Demont, ✆ 8336544, IV

Hg Trais Fluors, ✆ 8338885, III-IV

Hg Veltlinerkeller, ✆ 8322868, III

H Cresta-Run, ✆ 8330919, III-IV

H Stazersee, ✆ 8333808, III-IV

H Zur alten Brauerei, ✆ 8321874, III-IV

H Inn Lodge, ✆ 8344795, I-II

Samedan

Vorwahl: 081

H Bernina, Plazzez 20, ✆ 8521212, V-VI

H Chesa Quadratscha, ✆ 8524257, V-VI

Camping TCS „Punt Muragl", ✆ 8428197

Bever

PLZ: CH-7502; Vorwahl: 081
ℹ Tourismusverein, ✆ 8524945
H Chesa Salis, ✆ 8524838, VI
H Crasta Mora, ✆ 8525347
Gh Suvretta, ✆ 8525492, ⊘
P Korsonek, ✆ 8524428
P Lenatti, ✆ 8524413 oder 8524086, ⊘
Pz Fried, ✆ 8521244, IV-V
Pz Soland, ✆ 8525895, IV

La Punt Chamues-ch

PLZ: CH-7522; Vorwahl: 081
ℹ Verkehrsverein, ✆ 8542477
H Albula, ✆ 8541284, V-VI
H Krone, ✆ 8541269, III-IV
Hg Chesa Plaz, ✆ 8512100, V-VI
Hg Ches'Antica, ✆ 8541517, IV
P Friedheim, ✆ 8541288, III, ⊘

Madulain

PLZ: CH-7523; Vorwahl: 081
ℹ Touristinformation, ✆ 8541171
H Stüva Colani, ✆ 8541771, V-VI
▲ Camping, ✆ 8540161

Zuoz

PLZ: CH-7524; Vorwahl:081
ℹ Toursimusinformation, ✆ 8541510
H Posthotel Engiadina, ✆ 8541021, V-VI
H Alpenschloss-Hotel Castell, ✆ 8540101, IV-VI
H Bellaval, ✆ 8541481, IV-V
H Belvair, ✆ 8542023, V-VI
H Crusch Alva, ✆ 8541319, IV-VI
H Klarer, ✆ 8541321, V
H Sporthotel Wolf, ✆ 8541717, V
H Steinbock, ✆ 8541373, IV-VI
P Albanas, ✆ 8541321, III, ⊘

S-chanf

PLZ: CH-7525; Vorwahl: 081
ℹ Verkehrsverein, ✆ 8542255
H Parc-Hotel Aurora, ✆ 8541264, III-VI
H Scaletta, Via Maistra 52, ✆ 8540304, V-VI
Gh Sternen, ✆ 8541263, III-IV
Gh Traube, ✆ 8541264, IV

Cinuos-chel

PLZ: CH-7526; Vorwahl: 081
H Veduta, ✆ 8541253, V
▲ Camping Chapella Cinuos-chel, ✆ 8541206

Brail

PLZ: CH-7527; Vorwahl: 081
H Post, Chesa Collina, ✆ 8541254, III-IV
Pz Godly, ✆ 8541503, I
Pz Graf, Ches'Alvetern, ✆ 8543904, I-II
Pz Schnyder, ✆ 8542046, III

Zernez

PLZ: CH-7530; Vorwahl: 081
ℹ Kur- und Verkehrsverein, ✆ 856 13 00
H Bär-Post, ✆ 8515500, III-IV
H Bettini, ✆ 8561135, IV
H Crusch Alba, ✆ 8561330, IV
H Filli, ✆ 8561072, III-IV
H Adler, ✆ 8561213, III-IV
H Alpina, ✆ 8561233, IV
H Bahnhof, ✆ 8561126, IV
H Spöl, ✆ 8561279, IV
Hg Piz Terza, ✆ 8561414, III-IV
Hg Selva, ✆ 8561285, IV-V
Pz Clavuot Göri, Runatsch, ✆ 8561638, I-II
Pz Denoth Dumeng, Chasa Urtatsch, ✆ 8561517, I
Pz Eugster, Ers Curtins, ✆ 8561874, I-II
Pz Hummel, ✆ 8561874, I
Pz Jenal, Röven, ✆ 8561265, I
Pz Minsch-Jäger, ✆ 8561139, I-II
Pz Chasa Veglia, Runatsch, ✆ 8561351 oder 2844868, III-IV
Pz Quadroni, Chasa Plaz, ✆ 8561735, III-V
Pz Tschander-Cuorad, Mugliné, ✆ 8561276 oder 8561502, I-II
▲ Camping Cul, ✆ 8561462

Susch

PLZ: CH-7542; Vorwahl: 081
ℹ Verkehrsverein, ✆ 8622862
H Steinbock, ✆ 8622868
H Rezia, ✆ 8622962
H Schweizerhof, ✆ 8622943
H Flüela, ✆ 8622972
Pz Besio, ✆ 8622837
Pz Moser, ✆ 8622862
Pz Rainalter-Giacomelli, ✆ 8622814
▲ Camping Muglinas, ✆ 8622744

Lavin

PLZ: CH-7543; Vorwahl: 081
ℹ Verkehrsverein, ✆ 8622040
H Piz Linard, ✆ 8622626, III-IV
H Crusch Alba, ✆ 8622653, III-IV
Pz Cuonz-Bonifazi, ✆ 8622748

Guarda

PLZ: CH-7545; Vorwahl: 081
ℹ Verkehrsverein, ✆ 8622342
H Meisser, ✆ 8622132
H Piz Buin, ✆ 8622424
P Val Tuoi, ✆ 8622470
Pz Franziscus, ✆ 8622465
Pz Viletta, ✆ 8622108
Pz Chasa Vulpi, ✆ 8622030 oder 8622459

Pz Dias, ✆ 8622526

Pz Bickel, ✆ 8622152

Pz Padrun, ✆ 8622430

Ardez

PLZ: CH-7546; Vorwahl: 081

ℹ Verkehrsverein, ✆ 8622330

H Alvetern, ✆ 8622144

H Aurora, ✆ 8622323

P Posta veglia, ✆ 8622125

Pz Barbüda, ✆ 8622379, II

Pz Blanc, ✆ 8622312, II

Pz Cadonau, ✆ 8622193, II

Pz Campbell, ✆ 8622107, II

Pz Juon, ✆ 8622225, II

Pz Planta, ✆ 8622441, II

Pz Stupan, ✆ 8622469, II

Pz Vonzun, ✆ 8622125, II

Pz Peier, ✆ 8622230, III

Ftan

PLZ: CH-7551; Vorwahl: 081

ℹ Verkehrsverein, ✆ 8640557

H Relais & Château Hotel Haus Paradies, ✆ 8610808, VI

H Engiadina, ✆ 8640434, VI

H La Tschuetta, ✆ 8641230, VI

Hg Chasa Allegra, ✆ 8641957, III-IV

Hg Pradatsch, ✆ 8640925, III-IV

Scuol

PLZ: CH-7550; Vorwahl: 081

ℹ Scuol Tourismus, ✆ 8612222

H Belvedere, ✆ 8641041, VI

H Robinson Club Scuol Palace, ✆ 8641221, VI

H Bellaval, ✆ 8641481, VI

H Altana, ✆ 8611111, VI

H Chasa Belvair, ✆ 8649394, VI

H Astras, ✆ 8641125, VI

H Conrad, ✆ 8641717, VI

H Filli, ✆ 8649927, VI

H Gabriel, ✆ 8641152, VI

H Guardaval, ✆ 8641321, VI

H Traube, ✆ 8641207, VI

H Collina, ✆ 8640393, V

H Curuna, ✆ 8641451, III-V

Hg Engiadina, ✆ 8641421, V-VI

Hg Panorama, ✆ 8641071, V

H Grusaida, ✆ 8641474, III-IV

H Crusch Alba, ✆ 8641155, IV-V

H Chasa Sofia, ✆ 8648707, V

H Lischana, ✆ 8641171, V

Sur-En

PLZ: CH-7554; Vorwahl: 081

P Touristenhaus Lager Lischana, ✆ 8663419

Gh Val d'Uina, ✆ 8663137, V-VI

Ramosch

PLZ: CH-7556; Vorwahl: 081

ℹ Verkehrsverein, ✆ 8663566

H Heinrich, ✆ 8663172, III

P Bellavista, ✆ 8663113, II

San Niclà

ℹ Verkehrsverein, CH-7560 Martina, ✆ 866 32 32

P Etter, ✆ 8663647

Strada

ℹ Verkehrsverein, CH-7560 Martina, ✆ 8663232

⛺ Campingplatz Arina, ✆ 8663212

Martina

PLZ: CH-7560; Vorwahl: 081

ℹ Verkehrsverein, ✆ 8663232

H Chasa Engiadina, ✆ 8663232

Pfunds

PLZ: A-6542; Vorwahl: 05474

ℹ Tourismusinformation, ✆ 5229

H Kajetansbrücke, Pfunds 391, ✆ 5831, III

Gh Hirschen, Pfunds 92, ✆ 5204, I-II

P Gabl, Pfunds 104, ✆ 5217, II

P Schöne Aussicht, Pfunds 345, ✆ 5238, II

Pz Schuchter, Pfunds 503, ✆ 5513, II

Pz Gunsch, Pfunds 303, ✆ 5071, I

Pz Olympia, Pfunds 341, ✆ 5255, I

Pz Petrasch, Pfunds 355, ✆ 5226, I-II

Pz Thöni, Pfunds 469, ✆ 5670, I

Pz Wachter, Pfunds 350, ✆ 5410, I

Pz Bergblick, Pfunds 330, ✆ 5318, I

Gh Berghof, Greit 364, ✆ 5254, II

Pz Gschleizhof, Gschleiz 496, ✆ 5515, I

Pz Thöni, Gschleiz 334, ✆ 5928, I

Dorf:

Gh Bambi, Dorf 362, ✆ 5278, II

Pz Jenewein, Dorf 335, ✆ 5007, II

Pz Gatter, Dorf 407, ✆ 5309, II

Pz Netzer, Dorf 332, ✆ 5947, I

Pz Ledererhof, Dorf 132, ✆ 5409, II

Pz Plangger, Dorf 66, ✆ 5254, I-II

Stuben:

H Austria, Stuben 293, ✆ 5261, III-IV

H Edelweiss, Stuben 292, ✆ 5264, II-III

H Kreuz, Stuben 43, ✆ 5218, III

H Zur Post, Stuben 32, ✆ 5711, III

H Sonne, Stuben 299, ✆ 5232, III

H Tyrol, Stuben 296, ✆ 5247, III-IV

Gh Mohren, Stuben 6, ✆ 5219, II

Gh Traube, Stuben 10, ✆ 5210, III

P Alpenblick, Stuben 281, ✆ 5246, II

P Fuchs, Stuben 438, ✆ 5210, II

P Fundus, Stuben 265, ✆ 5248, II
P Grein, Stuben 282, ✆ 5228, II
P Plangger, Stuben 295, ✆ 5288, II
P St. Antonius, Stuben 289, ✆ 5291, I-II
P St. Lukas, Stuben 47, ✆ 5476, I-II
Pz File, Stuben 435, ✆ 5348, I-II
Pz Federspiel, Stuben 422, ✆ 5375, I-II
Pz Köhle, Stuben 309, ✆ 5353, I
Pz Köhle, Stuben 454, ✆ 5900, I
Pz Öttl, Stuben 421, ✆ 5005, I
Pz Palman, Stuben 284, ✆ 5393, I
Pz Stecher, Stuben 306, ✆ 5019, I
Pz Haus Margreth, Stuben 436, ✆ 5471, I-II

Birkach

PLZ: A-6542; Vorwahl: 05474
i Touristinformation Pfunds, ✆ 5229
Pz Schaffenrath, Birkach 174, ✆ 5009, I

Lafairs

PLZ: A-6542; Vorwahl: 05474
i Touristinformation Pfunds, ✆ 5229
H Lafairser Hof, Lafairs 373, ✆ 5251, V
Pz Senn, Lafairs 489, ✆ 5581, I

Stein

PLZ: A-6542; Vorwahl: 05474
i Touristinformation Pfunds, ✆ 5229
Pz Aschacher, Stein 412, I

Tösens

PLZ: A-6541; Vorwahl: 05477
Gh Pension Inntalerhof, Tösens 70, ✆ 240, II-III
Pz Haus Christophorus, Steinbrücke 10, ✆ 287, I-II
Pz Gutweniger, Tösens 11, ✆ 283, II
Pz Pension Stefania, Tösens 39, II
Pz Haus Tyrol, Tösens 14, II

Ried

PLZ: A-6531; Vorwahl: 05472
i Tourismusverband Tiroler Oberland, ✆ 6421
H Belvedere, Ried 176, ✆ 6328, III-IV
H Sporthotel Truyenhof, Ried 168, ✆ 6513 oder 6016, IV-VI
H Wanderhotel Rieder Hof, Ried 113, ✆ 6214, IV-VI
H Mozart, Ried 147, ✆ 6919, IV-VI
H Linde, Ried 80, ✆ 6270, III-VI
Gh Riederstubn, Ried 3, ✆ 6512, II-III
P Haus Tirol, Ried 151, ✆ 6290, II
P Chalet Tschallener, Ried 145, ✆ 6407, I-II
Pz Delacher, Ried 169, ✆ 6582, I-II
Pz Haus Gartenland, Ried 155, ✆ 6457, II
Pz Handle, Ried 167, ✆ 2232, II
Pz Obernauer, Ried 102, ✆ 6497, I-II
Pz Haus Cäcilia, Ried 144, ✆ 6517, I-II
Pz Haus Sailer, Ried 2, ✆ 6474, I-II
Pz Haus Stecher, Ried 129, ✆ 6413, I-II
Pz Haus Strobl, Ried 186, ✆ 6573, II
Pz Haus Wildauer, Ried 33, ✆ 6405, I-II

Prutz

PLZ: A-6522; Vorwahl: 05472
i Tourismusverband Tiroler Oberland, A-6531 Ried, ✆ 6421
H Post, Prutz 17, ✆ 6217, III-V
Gh Gemse, Prutz 1, ✆ 6204, II-III
Gh Rose, Prutz 27, ✆ 6265, II-III
Gh Viktoria, Mühlgasse 110, ✆ 6981, II-III
P Waldheim, Prutz 116, ✆ 6655, II
P Haus Marianne, Prutz 273, ✆ 6728, II
P Wallnöfer, Prutz 3, ✆ 6253, I-II
Pz Falch, Prutz 222, ✆ 6337, I-II
Pz Jammer, Prutz 278, ✆ 6148, II
Pz Lutz, Prutz 197, ✆ 6433, I-II
Pz Mark, Prutz 188, ✆ 6650, II

Landeck

PLZ: A-6500; Vorwahl: 05442
i Tourismusverband, Malser Str. 10, ✆ 62344
H Schwarzer Adler, Malserstr. bei Gerberbrücke, ✆ 62316, IV
H Schrofenstein, Malserstr., ✆ 62395, IV-V
Gh Greif, Marktpl. 6, ✆ 62268
Gh Goldenes Fassl, unterhalb v. Schloss, ✆ 62476, II
Pz Schuler, Urichstr. 21a, ✆ 66294, I
Pz Haus Venet, Urichstr. 7, ✆ 64216, II

Perjen:

H Mozart, ✆ 64222, IV-V
H Enzian, Adamhofgasse, ✆ 62066, IV-V
H Nußbaumhof, Adamhofgasse, ✆ 62300, V
H Schrofenstein, ✆ 62395, IV-V
H Schwarzer Adler, ✆ 62316, III-IV
H Tourotel Post, ✆ 6911, IV
Pz Landhaus Vogt, Burgweg 3a, ✆ 67908, I
Δ Camping Riffler, Burschlweg 13, ✆ 64898
Δ Sport Camp Tirol, Mühlkanal 1, ✆ 64636

Zams

PLZ: A-6511; Vorwahl: 05442
i Tourismusverband, Hauptpl. 6, ✆ 63395
H Jägerhof, Hauptstr. 52, ✆ 62642, IV-V
H Zammerhof, Hauptstr. 50, ✆ 63620, III
Gh Haueis, Tramsweg 4, ✆ 63001, II-III
Gh Postgasthof Gemse, Hauptpl. 1, ✆ 62478, II
Gh Kreuz, Rifenal 15, ✆ 61240, II
Gh Kronburg, Kronburg 107 u. 103, ✆ 62218, II-III
Gh Schmid, Hauptstr. 71, ✆ 62619, II
Gh Thurner, Magdalenaweg 6, ✆ 63282, III
P Venet, Maurenweg 42, ✆ 67642, I

P Frank, Hauptstr. 69, ✆ 67171, I
P Jägerheim, Hauptstr. 107, ✆ 64420, I
P Hubertus, Oberreitweg 4, ✆ 66010, I-II
P Kurz, Unterengereweg 10, ✆ 62841, I
P Mungenast, Bahnstr. 7, ✆ 62532, I
P Stubenböck, Auf der Höhe 19, ✆ 65303, II
P Wucherer, Hauptstr. 23, ✆ 62219, II
Pz Gigele, Hauptstr. 99, ✆ 66136, I
Pz Lenhart, Sanatoriumsstr. 27, ✆ 63813, I
Pz Mungenast, Hauptstr. 112, ✆ 62780, I
Pz Oberkofler, Hauptstr. 57, ✆ 64526, I $b
Pz Praxmarer, Rifenal 14, ✆ 62758, I-II
Pz Zangerle, Feldgasse 4, ✆ 67214, I $b

Imst

PLZ: A-6460; Vorwahl: 05412
Tourismusv erband Imst Umgebung, Johannespl. 4, ✆ 6910-0
H Post, Eduard-Wallnöfer-Pl., ✆ 66555, V-VI
H Linserhof, Teilwiesen 1, ✆ 66415, VI
H Stern, Pfarrgasse 42, ✆ 63342, V-VI
H Eggerbräu, Schusterg. 16, ✆ 66460, III-IV
H Alpenblick, Gunglgrün 4, ✆ 66517, III
H Auderer, Bahnhofstr. 82, ✆ 66885, III-IV
H Hohe Warte, Rottweilerstr. 2, ✆ 66414, III
H Neuner, Brennbichl, ✆ 63332, III
Gh Weinberg, Meilensteinweg 1, ✆ 62958, III-IV
Gh Sonne, Johannespl. 4, ✆ 66129, III
Gh Zum Hirschen, Th. Walch-Str. 3, ✆ 6901, III-IV
Gh Grüner Baum, Th. Walch-Str. 3, ✆ 6901, III-IV
Gh St. Hubertus, Gunglgrün 10, ✆ 63337, III
P Weirather, Thomas-Walch-Str. 10, ✆ 64090, III
P Haus Fringer, Auf Arzill 36, ✆ 66644, I-II
Pz Haus Christine, Hermann-Gmeiner-Str. 59, ✆ 63598, II
Pz Haus Olympia, Ahornweg 36, ✆ 67510, I-II
Pz Haus Walch, Lehngasse 36, ✆ 65047, I-II
Pz Haus Posch, Am Rofen 77, ✆ 67140, I
Pz Haus Linder, Weinberg 48, ✆ 66031, II
Pz Haus Peier/Auer, Gafiailgasse 80, ✆ 67310, II
Pz Haus Walch, Am Raun 1, ✆ 66659, I-II
Pz Haus Jäger, Bigerweg 3, ✆ 65160 o. 61785, II
Pz Haus Klingenschmid, Am Raun 5, ✆ 63757, II
Camping am Schwimmbad, Schwimmbadweg 10, ✆ 66612
Sport-Camp Imst-West, Langg. 62, ✆ 66293

Karres:

Gh Traube, Nr. 3, ✆ 66194, III
Pz Fischer, Nr. 89, ✆ 66623, I
Pz Lechner, Nr. 69, ✆ 66183, I
Pz Winkler, Nr. 73, ✆ 63531, I
Bh Winkler, Nr. 8, ✆ 61444, I

Ötztal-Bahnhof

PLZ: A-6425; Vorwahl: 05266
H Posthotel Ötztalerhof, Bahnhofplatz 4, ✆ 8989
H Gletschertor, Ambergstr. 3, ✆ 87164
Gh Katharina, Oberrain 30, ✆ 88265
P Pohl, Birkenstr. 4, ✆ 88232
Pz Greier, Wassertalstr. 1, ✆ 88451
Pz Prünster, Birkenstr. 7, ✆ 88485

Haiming

PLZ: 6425; Vorwahl: 05266
Touristinformation, Siedlungsstr. 2, ✆ 88307
H Föhrenhof, Siedlungsstr. 6, ✆ 88588
Gh Stern, Alte Bundesstr. 11, ✆ 88302
Gh Rafting-Alm, Magerbach 2, ✆ 88606
Pz Kopp, Kreutstr. 16, ✆ 88689
Pz Nagele, Kalkofenstr. 14, ✆ 88539
Pz Schaber, Bichlweg 4, ✆ 88578
Pz Stigger, Siedlungsstr. 20, ✆ 88437

Stams

PLZ: A-6422; Vorwahl: 05263
Tourismusverband, ✆ 6748
P Gästehaus Zoller, ✆ 6547
Campingplatz, Schießstandweg, ✆ 6159

Rietz

PLZ: 6421; Vorwahl: 05262
Tourismusverband, Schulweg 2, ✆ 62900
Gh Dorferwirt, Dorf 24, ✆ 62609, II
P Thaler, Unterdorf 18, ✆ 62619, I-II
Bh Schöffthaler, Dorf 10, ✆ 62041, I
Bh Michlerhof, Unterdorf 23, ✆ 65911, I

Telfs

PLZ: 6410; Vorwahl: 05262
Tourismusbüro Region Telfs, Untermarkt 20, ✆ 622454
H Hohe Munde, Untermarktstr. 17, ✆ 62408, IV-V
H Martina, Saglstr. 32, ✆ 62373, III
H Löwen, Untermarktstr. 14, ✆ 62455, IV-V
H Tirolerhof, Bahnhofstr. 28, ✆ 62237, V
Gh Berghof, St. Veit 5, ✆ 62271, II
Gh Plattenhof, Platten 6, ✆ 05238/88612, II-III
Gh Schweizerhof, Karl-Schönherr-Str. 10, ✆ 65077, II-III
P Burglerhof, Höhenstr. 80, ✆ 62546, II
P Neuner, Sagl 8, ✆ 62277, I
P Telfer Stub'm, Wiesenweg 1, ✆ 62549, III
Pz Gundolf, Dandlweg 32, ✆ 68126, I
Pz Hosp, Weiherweg 13, ✆ 67270, I
Pz Knezek, Felsenweg 10, ✆ 68306, I
Pz Neuner, C.-Schindler-Str. 18, ✆ 68525, I
Pz Plazza, Anton-Klieber-Str. 12, ✆ 66033, I
Pz Schluifer, Arzbergstr. 20, ✆ 68361, I
Pz Seelos, Griesgasse 4, ✆ 64780 I (o. Frühstück)

Pz Stangl, F.-Pischl-Str. 20, ✆ 63845, I
Pz Stubenböck, Gießenweg 9, ✆ 62569, I-II
Pz Tabelander, Puelacherweg 25, ✆ 68324, I
Gh/Bh Lehen, Lehen 3, ✆ 62314, II
Bh Mundeblick, Buchen 3, ✆ 64618, I
Bh Oberleitner, Saglstr. 1, ✆ 63042, I

Mösern

PLZ: A-6100; Vorwahl: 05212
ℹ Fremdenverkehrsverband, Untermarktstr. 20 (Telfs), ✆ 05262/622454
H Inntalerhof, Mösern 2, ✆ 4747, V
H/P Klaus, Mösern 7a, ✆ 4726, III
H/P Tyrol, Mösern 37, ✆ 4729, III
Hg Hubertushof, Mösern 47, ✆ 4733, III
Hg Berghof, Mösern 9a, ✆ 4755, III
Gh Alt Mösern, Mösern 35, ✆ 4737, III
Gh Menthof, Mösern 9, ✆ 4756, II
P Panorama, Mösern 44, ✆ 4739, II
P Spiegl, Mösern 5, ✆ 4728, II
P/Bh Sterzingerhof, Mösern 28a, ✆ 4746, II
Bh Spacklerhof, Mösern 34, ✆ 4811, I
⛺ Camping Schaimer, Weißenbachstr. 33, ✆ 62849

Pfaffenhofen

PLZ: 6405; Vorwahl: 05262
ℹ Tourismusverband, ✆ 65998
H Schwarzer Adler, ✆ 62539, IV-V
H Schlosshof, ✆ 62355, III

Oberhofen

PLZ: 6405; Vorwahl: 05262
ℹ Tourismusverband, Gemeindehaus, ✆ 6274715
Pz Föger, Reasen 1, ✆ 62905, I-II
Pz Föger, GWantenweg 11, ✆ 63449, I
Pz Gruber, Oberhofen 122, ✆ 62749, I
Pz Kranebitter, Oberhofen 44, ✆63556, I
Pz Krismer, Oberhofen 146, ✆ 66318, I
Pz Ladurner, Ried 35, ✆ 66777, I
Pz Linter, Andr.-Rainer-Weg 2, ✆ 63254, I
Pz Schluifer, Oberhofen 47, ✆ 62937, I
Pz Wegscheider, Oberhofen 184, ✆ 66315, I

Inzing

PLZ: A-6401; Vorwahl: 05238
ℹ Tourismusbüro, Kohstatt 1, ✆ 88121
Gh Krone, Salzstr. 2-4, ✆ 88129, II-III
Gh Lamm, Hauptstr. 22, ✆ 88117, III
Gh Tyrolerhof, Bahnstr. 7, ✆ 88158, II-III
Gh Zum Stollhofer, Salzstr. 6, ✆ 88119
P Café Wintergarten, Kohlstatt 15, ✆ 88148, II
P Haslwanter, Bahnstr. 8a, ✆ 87385
App Leitner, Prantlweg 1a, ✆ 88218
Pz Haslwanter, Kohlstatt 23, ✆ 88359
Pz Gratt, Hauptstr. 37, ✆ 88313, I-II
Pz Schatz, Kohlstatt 34, ✆ 88425, I-II
Pz Schatz, Kohlstatt 36, ✆ 88991
Pz Wanner, Mühlweg 2, ✆ 87232
Pz Adelshof, Toblaten 4, ✆ 88417

Flaurling

PLZ: 6403; Vorwahl: 05223
ℹ Tourismusverband, ✆ 62134
Gh Goldener Adler, Flaurling 9, ✆ 62767, II
Pz Schmid, Alberfeld 33, ✆ 68815, II
Bh Gruber, Flaurling 21, ✆ 62033, I-II

Zirl

PLZ: A-6470; Vorwahl: 05238
ℹ Tourismusbüro, Dorfpl. 3, ✆ 52235

Innsbruck

PLZ: A-6020; Vorwahl: 0512
ℹ Innsbruck Reservierung, Burggraben 3, ✆ 562000
H Heimgartl, Hoher Weg 12, ✆ 267641, III-IV
H Alpinpark, Pradler Str. 28, ✆ 348600, IV
H Sailer, Adamg. 6-10, ✆ 5363, IV
H Delevo, Erlerstr. 6, ✆ 587054, III-IV
H Putzker, Layrstr. 2, ✆ 281912, III
Gh Dollinger, Haller Str. 7, ✆ 267506, III
Gh Innbrücke, Innstr. 1, ✆ 281934, II-III – 31.€ (Google)
Gh Laurin, Gumppstr. 19, ✆ 341104, II-III
P Paula, Weiherburgg. 15, ✆ 292262, II
Jugendherberge Innsbruck, Reichenauer Str. 147, ✆ 46179
Jugendherberge Glockenhaus, Weiherburgg. 3, ✆ 286515
Jugendherberge St. Nikolaus, Innstr. 95, ✆ 286515
Jugendzentrum St. Paulus, Reichenauer Str. 72, ✆ 44291
⛺ Camping Kranebitten, Kraneb. Allee 214, ✆ 284180

Ortsindex

Einträge in *kursiver* Schrift beziehen sich auf das Übernachtungsverzeichnis.

bikeline
Rund ums
IJsselmeer
Mit Texel und Vlieland
Radtourenbuch und Karte
1 : 75.000

bikeline
Internationale
Dollard-Route

RadFernWege
Deutschland
Die attraktivsten Radtouren durch Deutschland
Radatlas
Hamburg

bikeline
Radatlas
Ost-Friesland
Zwischen Oldenburg, Ems und Nordseeküste
Radtourenbuch und Karte
1 : 75.000

bikeline
Nordseeküsten-
Radweg
Teil 2: Niedersachsen
Von der Ems nach Hamburg
2

bikeline
Ostseeküsten-
Radweg
Teil 1: Von Flensburg nach Lübeck

bikeline
Ostseeküsten-
Radweg
Teil 2: Von Lübeck nach Ahlbeck/Usedom
Mit Rügen
2

bikeline
Radatlas
Niederrhein

bikeline
Weser-
Radweg
Von Hann. Münden über Bremerhaven nach Cuxhaven
Radtourenbuch und Karte
1 : 75.000

bikeline
Bett & Bike
Fahrradfreundliche Gastbetriebe in
Deutschland

Bett & Bike
Fahrradfreundliche Gastbetriebe in
Hessen,
Rheinland-Pfalz
und Saarland

bikeline
Deutsche
Fehnroute
Radtourenbuch und Karte
1 : 50.000

bikeline
Elbe-
Radweg
Teil 2: Von Magdeburg nach Cuxhaven

bikeline
Elbe-
Radweg
Teil 1: Von Prag nach Magdeburg
Radtourenbuch und Karte
1 : 75.000

bikeline
Radatlas
Brandenburg

bikeline
Rhein-
Radweg
Teil 3: Von Mainz nach Rotterdam
3
Radtourenbuch und Karte
1 : 75.000

bikeline
Radatlas
Vulkaneifel
Radtourenbuch und Karte
1 : 75.000

bikeline
Leine-
Radweg
Von der Quelle zur Weser
Radtourenbuch und Karte
1 : 75.000

bikeline
Lüneburger
Heide-Radweg
Radtourenbuch und Karte
1 : 75.000

bikeline
Radatlas
Mecklenburgische Seen

bikeline
Oder-Neisse-
Radweg
Von Zittau nach Ueckermünde
Radtourenbuch und Karte
1 : 75.000

bikeline
Rhein-
Radweg
Teil 2: Von Basel nach Mainz
2
Radtourenbuch und Karte
1 : 75.000

bikeline
Mosel-
Radweg
Von Metz an den Rhein
Radtourenbuch und Karte
1 : 50.000

bikeline
Bett & Bike
Fahrradfreundliche Gastbetriebe in
Nordrhein-Westfalen

Bett & Bike
Fahrradfreundliche Gastbetriebe in
Niedersachsen

bikeline
Ruhr-
Radweg
Vom Sauerland an den Rhein
Radtourenbuch und Karte
1 : 50.000

bikeline
Lahn-
Radweg
Von der Quelle zum Rhein
Radtourenbuch und Karte
1 : 50.000

bikeline
Muldental-
Radweg
Vom Erzgebirge zur Elbe
Radtourenbuch und Karte
1 : 75.000

bikeline
Spree-
Radweg
Von der Quelle nach Berlin
Radtourenbuch und Karte
1 : 75.000

bikeline
Rhein-
Radweg
Teil 1: Von der Quelle nach Basel
Radtourenbuch und Karte
1 : 75.000

bikeline
Saar-
Radweg
Von Sarreburg nach Trier
Radtourenbuch und Karte
1 : 50.000

bikeline
Bett & Bike
Fahrradfreundliche Gastbetriebe in
Baden-Württemberg

Bett & Bike
Fahrradfreundliche Gastbetriebe in
Bayern

bikeline
Drei Täler-
Radweg
Radtourenbuch und Karte
1 : 50.000

bikeline
Main-
Radweg
Von Bayreuth nach Mainz
Radtourenbuch und Karte
1 : 75.000

bikeline
Liebliches
Taubertal
Von Rothenburg ob der Tauber nach Wertheim
Radtourenbuch und Karte
1 : 50.000

Berliner
Mauer-Radweg

bikeline
Neckar-
Radweg
Von der Quelle nach Mannheim
Radtourenbuch und Karte
1 : 50.000

bikeline
Nahe-
Radweg
Radtourenbuch und Karte
1 : 50.000

bikeline
Kocher-
Jagst-
Radweg
Radtourenbuch und Karte
1 : 50.000

bikeline
Deutscher
Limes-Radweg
Von Miltenberg nach Regensburg
Radtourenbuch und Karte
1 : 75.000

bikeline
Radatlas
Donau-Allgäu

bikeline
Bodensee-
Radweg
Radtourenbuch und Karte
1 : 50.000

bikeline
Main-Tauber-
Fränkischer
Rad-Achter
Radtourenbuch und Karte
1 : 75.000